T0153843

Le Médecin malgré lui,
Mélicerte, Pastorale comique,
Le Sicilien, ou L'Amour peintre

Molière

Le Médecin malgré lui, Mélicerte, Pastorale comique, Le Sicilien, ou L'Amour peintre

Édition critique par Charles Mazouer

PARIS
CLASSIQUES GARNIER
2022

Charles Mazouer, professeur honoraire à l'université de Bordeaux Montaigne, est spécialiste de l'ancien théâtre français. Outre l'édition de textes de théâtre des XVIe et XVIIe siècles, il a notamment publié *Molière et ses comédies-ballets*, les trois tomes du *Théâtre français de l'âge classique* ainsi que *Théâtre et christianisme. Études sur l'ancien théâtre français*. Il achève actuellement le second tome de son étude consacrée à *La Transcendance dans le théâtre français*.

Illustration de couverture : Le Médecin malgré lui. Artiste inconnu.
Source : www.meisterdrucke.de

ISBN 978-2-406-12451-1
ISSN 2417-6400

ABRÉVIATIONS USUELLES

Acad.	*Dictionnaire de l'Académie* (1694)
C.A.I.E.F.	*Cahiers de l'Association Internationale des Études Françaises*
FUR.	*Dictionnaire universel* de Furetière (1690)
I. L.	*L'Information littéraire*
P.F.S.C.L.	*Papers on French Seventeenth-Century Literature*
R.H.L.F.	*Revue d'Histoire Littéraire de la France*
R.H.T.	*Revue d'Histoire du Théâtre*
RIC.	*Dictionnaire français* de Richelet (1680)
S.T.F.M.	Société des Textes Français Modernes
T.L.F.	Textes Littéraires Français

AVERTISSEMENT

L'ÉTABLISSEMENT DES TEXTES

Il ne reste aucun manuscrit de Molière.

Si l'on s'en tient au XVIIᵉ siècle[1], comme il convient
– Molière est mort en 1673 et la seule édition posthume qui
puisse présenter un intérêt particulier est celle des *Œuvres*
de 1682 –, il faut distinguer cette édition posthume des
éditions originales séparées ou collectives des comédies de
Molière.

Sauf cas très spéciaux, comme celui du *Dom Juan* et du
Malade imaginaire, Molière a pris généralement des privi-
lèges pour l'impression de ses comédies et s'est évidemment
soucié de son texte, d'autant plus qu'il fut en butte aux
mauvais procédés de pirates de l'édition qui tentèrent de
faire paraître le texte des comédies avant lui et sans son aveu.
C'est donc le texte de ces éditions originales qui fait autorité,
Molière ne s'étant soucié ensuite ni des réimpressions des
pièces séparées, ni des recueils factices constitués de pièces

---

1   Le manuel de base : Albert-Jean Guibert, *Bibliographie des œuvres de
Molière publiées au XVIIᵉ siècle*, 2 vols. en 1961 et deux *Suppléments* en
1965 et 1973 ; le CNRS a réimprimé le tout en 1977. Mais les travaux
continuent sur les éditions, comme ceux d'Alain Riffaud, qui seront
cités en leur lieu. Voir, parfaitement à jour, la notice du t. I de l'édition
dirigée par Georges Forestier avec Claude Bourqui des *Œuvres complètes
de Molière*, 2010, p. cxi-cxxv, qui entre dans les détails voulus.

déjà imprimées. Ayant refusé d'endosser la paternité des
Œuvres de M. Molière parues en deux volumes en 1666, dont
il estime que les libraires avaient obtenu le privilège par
surprise, Molière avait l'intention, ou aurait eu l'intention
de publier une édition complète revue et corrigée de son
théâtre, pour laquelle il prit un privilège ; mais il ne réalisa
pas ce travail et l'édition parue en 1674 (en six volumes ;
un septième en 1675), qu'il n'a pu revoir et qui reprend des
états anciens, n'a pas davantage de valeur.

En revanche, l'édition collective de 1682 présente davantage d'intérêt – même si, pas plus que l'édition de 1674, elle
ne représente un travail et une volonté de Molière lui-même
sur son texte[2]. On sait, indirectement, qu'elle a été préparée
par le fidèle comédien de sa troupe La Grange, et un ami
de Molière, Jean Vivot. Si, pour les pièces déjà publiées par
Molière, le texte de 1682 ne montre guère de différences,
cette édition nous fait déjà connaître le texte des sept pièces
que Molière n'avait pas publiées de son vivant (*Dom Garcie
de Navarre, L'Impromptu de Versailles, Dom Juan, Mélicerte, Les
Amants magnifiques, La Comtesse d'Escarbagnas, Le Malade
imaginaire*). Ces pièces, sauf exception, seraient autrement
perdues. En outre, les huit volumes de cette édition entourent
de guillemets les vers ou passages omis, nous dit-on, à la
représentation, et proposent un certain nombre de didascalies censées représenter la tradition de jeu de la troupe de
Molière. Quand on compare les deux états du texte, pour les
pièces déjà publiées du vivant de Molière, on s'aperçoit que
1682 corrige (comme le prétend la Préface)… ou ajoute des
fautes et propose des variantes (ponctuation, graphie, style,

---

2   Voir Edric Caldicott, « Les stemmas et le privilège de l'édition des
     Œuvres complètes de Molière (1682) », [in] *Le Parnasse au théâtre…*, 2007,
     p. 277-295, qui montre que Molière n'a jamais entrepris ni contrôlé une
     édition complète de son œuvre, ni pour 1674 ni pour 1682.

texte) passablement discutables. Bref, cette édition de 1682, malgré un certain intérêt, n'autorise pas un texte sur lequel on doute fort que Molière ait pu intervenir avant sa mort.

Voici la description de cette édition :

- Pour les tomes I à VI : LES / ŒUVRES / DE / MONSIEUR / DE MOLIERE. Reveuës, corrigées & augmentées. / *Enrichies de Figures en Taille-douce.* / A PARIS, / Chez DENYS THIERRY, ruë saint Jacques, à / l'enseigne de la Ville de Paris. / CLAUDE BARBIN, au Palais, sur le second / Perron de la sainte Chapelle. / ET / Chez PIERRE TRABOUILLET, au Palais, dans la / Gallerie des Prisonniers, à l'image S. Hubert ; & à la / Fortune, proche le Greffe des Eaux & Forests. / M. DC. LXXXII. / *AVEC PRIVILEGE DV ROY.*
- Pour les tomes VII et VIII, seul le titre diffère : LES / ŒUVRES / POSTHUMES / DE / MONSIEUR / DE MOLIERE. / Imprimées pour la première fois en 1682.

Je signale pour finir l'édition en 6 volumes des *Œuvres de Molière* (Paris, Pierre Prault pour la Compagnie des Libraires, 1734), qui se permet de distribuer les scènes autrement et même de modifier le texte, mais propose des jeux de scène plus précis dans ses didascalies ajoutées.

La conclusion s'impose et s'est imposée à toute la communauté des éditeurs de Molière. Quand Molière a pu éditer ses œuvres, il faut suivre le texte des éditions originales. Mais force est de suivre le texte de 1682 quand il est en fait le seul à nous faire connaître le texte des œuvres non éditées par Molière de son vivant. *Dom Juan* et *Le Malade imaginaire* posent des problèmes particuliers qui seront examinés en temps voulu.

Au texte des éditions originales, ou pourra adjoindre quelques didascalies ou quelques indications intéressantes de 1682, voire, exceptionnellement, de 1734, à titre de variantes – en n'oubliant jamais que l'auteur n'en est certainement pas Molière.

Selon les principes de la collection, la graphie sera modernisée. En particulier en ce qui concerne l'usage ancien de la majuscule pour les noms communs. La fréquentation assidue des éditions du XVIIe siècle montre vite que l'emploi de la majuscule ne répond à aucune rationalité, dans un même texte, ni à aucune intention de l'auteur. La fantaisie des ateliers typographiques, que les écrivains ne contrôlaient guère, ne peut faire loi.

La ponctuation des textes anciens, en particulier des textes de théâtre, est toujours l'objet de querelles et de polémiques. Personne ne peut contester ce fait : la ponctuation ancienne, avec sa codification particulière qui n'est plus tout à fait la nôtre, guidait le souffle et le rythme d'une lecture orale, alors que notre ponctuation moderne organise et découpe dans le discours écrit des ensembles logiques et syntaxiques. On imagine aussitôt l'intérêt de respecter la ponctuation ancienne pour les textes de théâtre – comme si, en suivant la ponctuation d'une édition originale de Molière[3], on pouvait en quelque sorte restituer la diction qu'il désirait pour son théâtre !

Il suffirait donc de transcrire la ponctuation originale. Las ! D'abord, certains signes de ponctuation, identiques

---

3   À cet égard, Michael Hawcroft (« La ponctuation de Molière : mise au point », *Le Nouveau Moliériste*, nᵒ IV-V, 1998-1999, p. 345-374) tient pour les originales, alors que Gabriel Conesa (« Remarques sur la ponctuation de l'édition de 1682 », *Le Nouveau Moliériste*, nᵒ III, 1996-1997, p. 73-86) signale l'intérêt de 1682.

dans leur forme, ont changé de signification depuis le
XVIIe siècle : trouble fâcheux pour le lecteur contemporain.
Surtout, comme l'a amplement démontré, avec science et
sagesse, Alain Riffaud[4], là non plus on ne trouve pas de
cohérence entre les pratiques des différents ateliers, que les
dramaturges ne contrôlaient pas – si tant est que, dans leurs
manuscrits, ils se soient souciés d'une ponctuation précise !
La ponctuation divergente de différents états d'une même
œuvre de théâtre le prouve. On me pardonnera donc de ne
pas partager le fétichisme à la mode pour la ponctuation
originale.

J'aboutis donc au compromis suivant : respect autant
que possible de la ponctuation originale, qui sera toutefois
modernisée quand les signes ont changé de sens ou quand
cette ponctuation rend difficilement compréhensible tel
ou tel passage.

PRÉSENTATION
ET ANNOTATION DES COMÉDIES

Comme l'écrivait très justement Georges Couton dans
l'Avant-propos de son édition de Molière[5], tout commentaire
d'une œuvre est toujours un peu un travail collectif, qui
tient compte déjà des éditions antécédentes – et les éditions de Molière, souvent excellentes, ne manquent pas, à
commencer par celle de Despois-Mesnard[6], fondamentale et

---

4   *La Ponctuation du théâtre imprimé au* XVIIe *siècle*, Genève, Droz, 2007.
5   *Œuvres complètes*, t. I, 1971, p. xi-xii.
6   *Œuvres complètes* de Molière, pour les « Grands écrivains de la France »,
    13 volumes de 1873 à 1900.

remarquable, et dont on continue de se servir... sans toujours le dire. À partir d'elles, on complète, on rectifie, on abandonne dans son annotation, car on reste toujours tributaire des précédentes annotations. On doit tenir compte aussi de son lectorat. Une longue carrière dans l'enseignement supérieur m'a appris que mes lecteurs habituels – nos étudiants (et nos jeunes chercheurs) sont de bons représentants de ce public d'honnêtes gens qui auront le désir de lire les classiques – ont besoin de davantage d'explications et d'éléments sur les textes anciens, qui ne sont plus maîtrisés dans l'enseignement secondaire. Le texte de Molière sera donc copieusement annoté.

Mille fois plus que l'annotation, la présentation de chaque pièce engage une interprétation des textes. Je n'y propose pas une herméneutique complète et définitive, et je n'ai pas de thèse à imposer à des textes si riches et si polyphoniques, dont, dans sa seule vie, un chercheur reprend inlassablement (et avec autant de bonheur !) le déchiffrement. Les indications et suggestions proposées au lecteur sont le fruit d'une méditation personnelle, mais toujours nourrie des recherches d'autrui qui, approuvées ou discutées, sont évidemment mentionnées.

En sus de l'apparat critique, le lecteur trouvera, en annexes ou en appendice, divers documents ou instruments (comme une chronologie) qui lui permettront de mieux contextualiser et de mieux comprendre les comédies de Molière.

Mais, malgré tous les efforts de l'éditeur scientifique, chaque lecteur de goût sera renvoyé à son déchiffrement, à sa rencontre personnelle avec le texte de Molière !

Nota bene :

1/ Les grandes éditions complètes modernes de Molière, que tout éditeur (et tout lecteur scrupuleux) est amené à consulter, sont les suivantes :

MOLIÈRE (Jean-Baptiste Poquelin, dit), *Œuvres*, éd. Eugène Despois et Paul Mesnard, Paris, Hachette et Cie, 13 volumes de 1873 à 1900 (Les Grands Écrivains de la France).

MOLIÈRE (Jean-Baptiste Poquelin, dit), *Œuvres complètes*, éd. Georges Couton, Paris, Gallimard, 1971, 2 vol. (La Pléiade).

MOLIÈRE (Jean-Baptiste Poquelin, dit), *Œuvres complètes*, édition dirigée par Georges Forestier avec Claude Bourqui, Paris, Gallimard, 2010, 2 vol. (La Pléiade).

2/ Signalons quelques études générales, classiques ou récentes, utiles pour la connaissance de Molière et pour la compréhension de son théâtre – étant entendu que chaque comédie sera dotée de sa bibliographie particulière :

BRAY, René, *Molière homme de théâtre*, Paris, Mercure de France, 1954.

CONESA, Gabriel, *Le Dialogue moliéresque. Étude stylistique et dramaturgique*, Paris, PUF, s. d. [1983] ; rééd. Paris, SEDES, 1992.

DANDREY, Patrick, *Molière ou l'esthétique du ridicule*, Paris, Klincksieck, 1992 ; seconde édition revue, corrigée et augmentée, en 2002.

DEFAUX, Gérard, *Molière ou les métamorphoses du comique : de la comédie morale au triomphe de la folie*, 2ᵉ éd., Paris, Klincksieck, 1992 (Bibliothèque d'Histoire du Théâtre) (1980).

DUCHÊNE, Roger, *Molière*, Paris, Fayard, 1998.

FORESTIER (Georges), *Molière*, Paris, Gallimard, 2018.

GUARDIA, Jean de, *Poétique de Molière. Comédie et répétition*, Genève, Droz, 2007 (Histoire des idées et critique littéraire, 431).

JURGENS, Madeleine et MAXFIELD-MILLER, Élisabeth, *Cent ans de recherches sur Molière, sur sa famille et sur les comédiens de sa troupe*, Paris, Imprimerie nationale, 1963.
– Complément pour les années 1963-1973 dans *R.H.T.*, 1972-4, p. 331-440.

MCKENNA, Anthony, *Molière, dramaturge libertin*, Paris, Champion, 2005 (Essais).

MONGRÉDIEN, Georges, *Recueil des textes et des documents du XVIIᵉ siècle relatifs à Molière*, Paris, CNRS, 1965, 2 volumes.

PINEAU, Joseph, *Le Théâtre de Molière. Une dynamique de la liberté*, Paris-Caen, Les Lettres Modernes-Minard, 2000 (Situation, 54).

3/ Sites en ligne :

Tout Molière.net donne déjà une édition complète de Molière.

Molière 21, conçu comme complément à l'édition 2010 des *Œuvres complètes* dans la Pléiade, donne une base de données intertextuelles considérable et offre un outil de visualisation des variantes textuelles.

CHRONOLOGIE

(du 6 août 1666 au 6 janvier 1668)

1666   6 août. Création du *Médecin malgré lui* au
Palais-Royal.

23 août. Parution de la *Dissertation sur la
condamnation du théâtre*, où l'abbé d'Aubignac
se plaint que le théâtre retourne « à sa vieille
corruption » avec farces et comédies libertines.
Molière va être pris dans la querelle de la moralité du théâtre ; il sera bientôt la cible du *Traité
de la comédie et des spectacles selon la tradition de
l'Église* de Conti.

1er décembre. Départ de la troupe invitée à
Saint-Germain-en-Laye pour participer, avec
les autres troupes françaises et étrangères, au
Ballet des Muses ; elle y restera jusqu'au 20 février
1667. À cette occasion la troupe reçoit du Roi
le défraiement et deux années de pension – soit
12 000 livres.

2 décembre. *Le Ballet des Muses* est donné pour
la première fois (il sera donné au total quinze
fois). Molière y aura contribué pour trois spectacles : *Mélicerte*, probablement, pour la 3° entrée
du Ballet, la *Pastorale comique* (qui a remplacé
Mélicerte à partir du 5 janvier) et

Le Sicilien, ou L'Amour peintre, pour la 14ᵉ et dernière entrée ajoutée à partir du 14 février 1667.

24 décembre. Édition originale du *Médecin malgré lui*. Édition originale du *Misanthrope* avec, en tête, la *Lettre écrite sur la comédie du « Misanthrope »*.

1667   4 mars. Création d'*Attila* de Pierre Corneille au Palais-Royal.

30 mars. Clôture de Pâques. Marquise Du Parc quitte la troupe de Molière et passe chez les rivaux de l'Hôtel de Bourgogne ; elle y joue *Andromaque*.

16 avril. Selon le gazetier Robinet, le bruit a couru que Molière était à l'extrémité.

15 mai. Réouverture du théâtre du Palais-Royal. Mais La Grange signale plusieurs interruptions : du 28 mai au 9 juin ; du 29 juin au 7 juillet ; du 6 août au 24 septembre ; et encore du 19 décembre au 2 janvier 1668. Sont-elles explicables par des maladies de Molière ? ou par le contrecoup de la guerre de Dévolution, qui finit par entraîner la cour dans le Nord ?

10 juin. Première représentation du *Sicilien* au Palais-Royal.

5 août. Première et unique représentation de *L'Imposteur*, nouvelle version du *Tartuffe*. La pièce est immédiatement interdite. La Grange et La Thorillière partent aussitôt avec un placet (c'est le deuxième rédigé par Molière) pour solliciter le roi, qui est au siège de Lille ; selon La Grange, le roi fit savoir aux comédiens « qu'à

son retour à Paris il ferait examiner la pièce de *Tartuffe* et que nous la jouerions ».

11 août. L'archevêque de Paris, Hardouin de Péréfixe, lance son *Ordonnance*, qui interdit aux fidèles l'assistance à la comédie de Molière, sous peine d'excommunication.

20 août. Parution de la *Lettre sur la comédie de L'Imposteur*, qui défend la pièce de Molière.

21 août. Première mention de la maison de campagne de Molière à Auteuil.

6-9 novembre. La troupe joue à Versailles, mais ne donne aucune pièce de son chef. Elle reçoit les 6000 livres de son année de pension.

9 novembre. Édition originale du *Sicilien*.

18 décembre. Mention de la gratification de 1000 livres à Molière, pour l'année 1667 (Pensions et gratifications aux gens de Lettres).

1668

6 janvier. Molière revient sur scène. La troupe joue *Le Médecin malgré* lui aux Tuileries, pour la cour.

LE MÉDECIN MALGRÉ LUI

INTRODUCTION

Deux mois après avoir créé *Le Misanthrope*, Molière offrit *Le Médecin malgré lui* à son public, le 6 août 1666. Deux mois après une grande comédie, longuement méditée, profonde, dont la qualité comique est parfois quelque peu problématique, une courte pièce en trois actes et en prose, d'un comique indéniable – une farce à la vérité. Comme si le dramaturge avait ressenti à la fois le besoin d'une détente, mais aussi celui de se régénérer aux sources du comique traditionnel des tréteaux, apanage des dramaturges et des acteurs comiques.

L'habitude voulait que ce genre de courtes pièces n'apparût qu'en complément du spectacle, après une grande pièce. Ce fut généralement le cas du *Médecin malgré lui*, qui accompagna en particulier diverses comédies de Molière (comme *Le Misanthrope*, *Les Fâcheux* ou *L'École des maris*) et diverses pièces de Corneille (comme *Sertorius* ou *Le Menteur*). Le public fut satisfait de ce complément de programme, car *Le Médecin malgré lui* fut souvent repris, au-delà de l'année 1666, et au-delà de la mort de Molière. C'est que cette comédie propose un vrai plaisir comique.

SOUVENIRS

Pour concevoir sa petite comédie, Molière puisa dans
le fonds populaire des contes facétieux, qui circulaient de
manière orale ou étaient réunis en recueils. Même si ses
quelque 400 vers n'étaient pas alors publiés, le fabliau du
Vilain mire – c'est-à-dire du paysan (*vilain*) devenu médecin
(*mire*) – faisait partie du folklore et était bien connu ; son
thème reparaissait dans les *Serées* publiées par Guillaume
Bouchet à la fin du XVIᵉ siècle. Le *Vilain mire* narre la vengeance d'une femme battue par son mari : elle recommande
celui-ci à deux envoyés du roi qui recherchent un médecin,
mais précise que son bon médecin de mari n'accepte de
pratiquer que sous les coups. Voilà le thème du *Médecin
malgré lui*, où Martine, pour se venger des coups reçus, fait
savoir que son mari Sganarelle est médecin, mais ne l'avoue
que lorsqu'on le bat.

Molière avait certainement lu Rabelais ! Or, au chapitre XXXIV du *Tiers Livre*, Épistémon, personnage de la
fiction, rappelle qu'il a assisté à la représentation d'une
farce – « la morale comoedie de celluy qui avait espousé une
femme mute » –, jouée à Montpellier par François Rabelais,
l'auteur du *Tiers Livre*, et ses amis. Un mari fait recouvrer
la parole à sa femme muette (*mute*) ; mais celle-ci se met
à tant parler qu'il voudrait la faire redevenir muette – ce
que ne pouvait faire le médecin qui avait des remèdes pour
rendre la parole aux gens, mais avoua « n'en avoir pour les
faire taire[1] ». Ce trait se retrouve après la supposée guérison
de Lucinde, en III, 6 de notre *Médecin malgré lui*.

---

1   Éd. Mireille Huchon des *Œuvres complètes*, Paris, Gallimard, 1994, p. 460.

Nous restons dans la tradition gauloise qui imprègne la thématique et le climat de ce *Médecin malgré lui*. Et Molière se souvient évidemment de nos farces françaises tradition- nelles[2]. Ce couple où l'on s'insulte, se bat et se venge, ce voisin, Monsieur Robert, qui veut apaiser la querelle et ne récolte que des coups, la bêtise et la ruse, les coups de bâton, le comique gestuel et le jeu avec les mots trouvent maintes correspondances plus ou moins précises dans nos farces.

Oui, *Le Médecin malgré lui* est bien une farce. Et c'est d'ailleurs ainsi que le grand Dario Fo, invité à la Comédie- Française en 1991, mit en scène *Le Médecin malgré lui*, heureusement couplé dans la même représentation avec *Le Médecin volant*, dans une extraordinaire exubérance de gags scéniques[3].

C'est que Molière se souvient aussi de lui-même. On peut déjà rêver sur ces titres de farces jouées par la troupe, mais dont nous n'avons pas le texte : *Le Fagotier* ou *Le Fagoteux*, *Le Médecin par force*. S'agit-il d'embryons ou de premières versions de notre *Médecin malgré lui* ? C'est probable, car Sganarelle, le médecin par force, est bien fagotier ; et la troupe du Palais-Royal donna ces farces au début de la décennie 1660. Mais il y a plus clair et plus précis. Après *Le Médecin volant* et *L'Amour médecin*, on retrouve dans *Le Médecin malgré lui* un obstacle paternel au mariage, levé par une mystification qui se fonde sur la crédulité du père concernant la médecine, appelée en renfort pour guérir une fausse malade. Géronte, le père du *Médecin malgré lui*, veut un gendre riche et rebute l'amoureux de sa fille LUCINDE

---

2   Konrad Schoell, « *Le Médecin malgré lui* und die Farcenkomik », *Literatur in Wissenschaft und Unterricht*, V, 1972, p. 110-126.

3   *Le Médecin malgré lui. Le Médecin volant*, illustrations de Dario Fo, tirées de ses carnets de mise en scène, Paris, Imprimerie nationale, 1991 (Le spectateur français).

– qui a donc le même nom que la jeune première de *L'Amour médecin* –, laquelle évite ce mariage en faisant la muette, avant de retrouver une parole insupportable ; c'est là qu'on se sert de Rabelais ! La bouffonnerie du médecin malgré lui ne détruit en rien la révérence de Géronte pour la science médicale de Sganarelle ; il est cependant un peu plus soup- çonneux, demande parfois quelques précisions et s'étonne de quelques affirmations du plaisant *medicus* – par exemple sur la place du cœur à droite et du foie à gauche… Mais Sganarelle peut introduire l'amant déguisé en apothicaire et favoriser la fuite des amoureux, comme Clitandre, déguisé en médecin, pouvait fuir avec la LUCINDE de *L'Amour médecin*. On remarquera que les reprises évidentes ne vont pas sans variations et nouveaux développements. Molière se reprend mais ne se répète pas.

Une autre preuve ? Nous avons déjà vu un Sganarelle, valet qui prend des habits de médecin et en impose ainsi aux crédules ; c'est dans *Dom Juan* ; mais, au début de III, 1, seules quelques répliques racontent l'imposture plaisante de Sganarelle. *Le Médecin malgré lui* développe la farce pay- sanne, multiplie les personnages de paysans, complique cet aspect de l'intrigue et se souvient évidemment du comique du langage paysan, fort exploité déjà au deuxième acte du même *Dom Juan*.

De ses souvenirs, de ces reprises variées, Molière fit une pièce neuve.

SGANARELLE

Le mari de Martine joue un rôle capital dans la marche de l'action, à laquelle il donne continuité et dynamisme. Tout part des coups assénés à sa femme et de la vengeance que celle-ci décide de prendre contre un mauvais mari. Tout s'enchaîne comme fortuitement : en I, 4, le hasard fait brutalement se rencontrer Martine, assoiffée de vengeance, et les serviteurs de Géronte en quête d'un médecin pour la fille de leur maître ; Sganarelle sera ce médecin, mais qu'il faut battre pour qu'il le reconnaisse. Voilà un premier acte construit. L'acte II introduit le faux médecin au logis de Géronte ; mais – bifurcation nouvelle – Sganarelle ne se contente pas de son imposture bouffonne et se met à lutiner la nourrice au grand dam de son mari Lucas ; à la fin de l'acte apparaît Léandre, l'amoureux de Lucinde, ce qui entraîne la possibilité d'une seconde imposture greffée sur la première : Léandre déguisé en apothicaire. L'acte III mène les mystifications à leur fin ; mais Molière imagine encore une voie de traverse un instant empruntée : la consultation des paysans Thibaut et Perrin, en III, 2. Visiblement, pas plus ici qu'ailleurs, Molière n'a le soin d'une intrigue rigoureusement construite : place aux bienheureux hasards, place à la fantaisie et à l'invention, dont Sganarelle est souvent le centre et le moteur. Mais, si l'intrigue s'avère quelque peu composite, Molière la mène à bon terme et retombe sur ses pieds, si je puis dire. Martine revient *in extremis*, constate que sa vengeance a été au-delà de ses espoirs, mais tient au demeurant à assister au supplice du faux médecin coupable ! Cela ne peut être admis par la comédie, qui se dénoue heureusement grâce

à un événement un tantinet miraculeux, et heureux à la
fois pour le jeune couple (un oncle à héritage meurt au bon
moment, qui permet à Léandre repentant d'être agréé cette
fois par l'avare Géronte), et pour le sort du médecin par
force (qui est pardonné et évite la pendaison).

Molière tenait le rôle de Sganarelle, rôle principal et rôle
comique principal. On sait que ce personnage de Sganarelle
a été créé par Molière et repris par lui six fois entre 1660
et 1666. On peut le considérer si l'on veut comme un
type comique[4] et lui donner les éléments d'une identité,
d'une fixité – dans le jeu de l'acteur ou dans les traits et
les sentiments du personnage. Mais on est surtout sensible
à ses variations, à ses métamorphoses, assez importantes ;
quoi de commun entre un bourgeois rétrograde qui veut
se marier sans risque (*L'École des maris*), un père entêté
qui s'oppose au mariage de sa fille (*Sganarelle, ou Le Cocu
imaginaire*) ou un père égoïste qui veut la garder pour lui
(*L'Amour médecin*), et un valet grossier attaché à un maître
libertin (*Dom Juan*) ? De surcroît, le Sganarelle du *Médecin
malgré lui*, qui n'est ni bourgeois, ni valet, se démarque
singulièrement des autres avatars du type et manifeste
une belle originalité.

Notre Sganarelle est homme de peu : il vit et fait vivre
(très mal) les siens en rassemblant et en vendant des fagots ;
il se situe au bas de la société. Mais, curieusement, il a
été aux écoles et a appris ses rudiments de latin ; puis il a
servi un médecin pendant six années (simple valet, sans
doute quelque peu auxiliaire, aussi) avant d'en venir aux
fagots. Il sera donc capable de cracher des mots latins. Ne
cherchons point trop de réalisme dans ce parcours et ce
déclassement fantaisistes !

---

4   Voir Jean-Marie Pelous, « Les métamorphoses de Sganarelle : la perma-
     nence d'un type comique », *R.H.L.F.*, 1972, n° 5-6, p. 821-849.

Il reste personnage du bas. Mauvais mari (il use de
Martin bâton pour faire taire Martine sa femme) et mauvais père (il gaspille l'argent du ménage pour ses vices), il
est, de manière aussi irrépressible, ivrogne et sensuel ; il
adore le glouglou de la bouteille et ne peut s'empêcher de
bourdonner autour du corps de la belle nourrice, passant
des compliments au « joli meuble que voilà » aux gestes,
embrassant, tâtant le sein, proposant l'adultère – tout cela
aussi de manière joyeusement fantaisiste.

Mais la fantaisie éclate dans son rôle de médecin, accepté
après force coups de bâton. Il consent alors à enfiler la robe
de médecin, surmontée d'un chapeau des plus pointus ;
et dès lors il trouve un vrai bonheur à jouer le rôle, assez
conscient, mais pas toujours, des sottises qu'il débite et
des incongruités et bouffonneries variées auxquelles il se
laisse aller. Entrecoupée des manifestations de la *libido* de
l'imposteur, une véritable parodie de consultation médicale nous est donnée. C'est du bon burlesque que produit
l'amuseur, qui commence par battre Géronte (celui-ci a le
tort d'affirmer qu'il n'est pas médecin : selon la thérapie
qu'il connaît pour l'avoir subie, Sganarelle le roue de coups
pour lui faire admettre qu'il est médecin) – dans la plus
belle invraisemblance. C'est la première des « goguenarderies » au logis du père opposant, et le prélude à bien
d'autres facéties verbales. La fille est muette ; pourquoi,
Monsieur le médecin ? – « Cela vient de ce qu'elle a perdu la
parole » (II, 4). On n'en saura pas davantage sur les causes
de la maladie, Sganarelle invoquant Aristote, se perdant
dans un raisonnement pseudo-médical filandreux, éruc-
tant du latin sans queue ni tête et assénant des absurdités
anatomiques massives – à la grande admiration des crétins
du logis. Sans oublier de tendre la main ; il arrive même
à ce médecin de ne consentir à entendre le cas du malade

qu'après paiement (voyez la consultation de Thibaut et Perrin, en III, 2).

Sganarelle joue de toutes les manières, avec le sérieux de la vie, avec son rôle, avec les mots, avec les corps, dans la plus grande insouciance, docile à ses instincts, à son plaisir, à ce que le hasard peut lui apporter de plaisant. Aucun autre Sganarelle de ce calibre dans le théâtre de Molière, assurément !

UNE FARCE PAYSANNE

Même si aucune précision n'est donnée sur ce point, nous sommes assez évidemment à la campagne. Simple fagotier, même pas bûcheron, Sganarelle opère au village. Dans ce village, Géronte n'est pas (ou n'est plus ?) un paysan, et fait figure de bourgeois du village : il est plus riche, il a du personnel (Valère l'intendant qui, à l'égal de son maître, ne patoise pas ; la nourrice et son mari le paysan Lucas).

Cette galerie de paysans, qui déforment allègrement la langue selon les poncifs du parler paysan stéréotypé de l'Île-de-France, constitue une sorte de développement de l'acte paysan du *Dom Juan*.

Le couple de Lucas et de la nourrice Jacqueline suffit à préciser les aspects du naturel chez les paysans. « Un franc animal, un brutal, un stupide, un sot » : c'est ainsi que Sganarelle dépeint Lucas. Il ne se trompe pas sur le rustre, dont le patois rend plus savoureuses les balourdises de propos. Plus remarquable que sa sotte tentative d'esprit paysan[5], il faut retenir son incapacité à penser et à réagir

---

5   Quand Martine a décrit l'habillement de Sganarelle, il lance : « Un habit jaune et vart ! C'est donc le médecin des paroquets ? » (I, 4).

personnellement ; Lucas constitue souvent une sorte d'écho burlesque aux propos d'autrui. Ainsi, plus d'une réplique de Valère se trouve répétée par Lucas, mais dans son langage paysan à lui, donc dégradée[6]. Quand il veut, après Géronte, faire taire Jacqueline, il dilue la remontrance et la ponctue niaisement de coups frappés... sur la poitrine ou l'épaule de Géronte (II, 1) ! Au demeurant, Lucas est un mari naturellement jaloux, mais soumis à une femme qui lui reste assez supérieure. Quand Sganarelle monte à l'assaut de Jacqueline, Lucas, malgré son respect de la médecine, tente de garantir sa femme ; excédée, Jacqueline finit par bousculer son mari : « Ôte-toi de là aussi ». – « Je ne veux pas qu'il te tâte, moi », se plaint le nourricier remis à sa place (II, 3). La belle nourrice a conscience de sa supériorité. Et, de fait, chez elle le naturel n'est pas sottise ; il s'exprime à l'occasion par une saine sagesse, énoncée droitement. Qu'on se reporte à l'affrontement de Jacqueline avec Géronte à propos de la maladie de Lucinde, en II, 1. Selon elle, les médecins n'y feront rien « et la meilleure médeçaine que l'an pourrait bailler à votre fille, ce serait, selon moi, un biau et bon mari, pour qui elle eût de l'amiquié » ; et, au nom du bon sens, elle conteste le choix fait par le père d'un gendre riche : en mariage, « contentement passe richesse », affirme-t-elle, en prenant une illustration dans l'entourage villageois.

Tout cela est assez neuf chez Molière. Plus attendue, après Le Médecin volant et L'Amour médecin, est la crédulité de tous à l'égard de la médecine, qui n'est ici qu'imposture. À commencer par celle de Géronte qui, ne voyant pas le mensonge dans la maladie de sa fille, se fie en la science médicale du fagotier déguisé, malgré ses bouffonneries et malgré certaines énormités qui le font broncher un instant.

6	Nombreux exemples en I, 5 et II, 1.

« Ah ! le grand homme ! », s'exclame-t-il, plein d'humilité et plein d'admiration pour ce pitre de Sganarelle, qui ravale singulièrement la médecine. Géronte est le père opposant traditionnel destiné à toutes les tromperies.

Dégradée par l'imposture caricaturale de Sganarelle, la médecine l'est autant par la crédulité de tous ces imbéciles à l'égard du faux médecin. Valère et Lucas sont si désireux de trouver un médecin qu'ils admettent sans réfléchir les particularités pour le moins curieuses de celui que leur propose Martine (n'être médecin que sous les coups de bâton) ; deux récits parfaitement invraisemblables plongent Lucas dans l'admiration ; même la consultation bouffonne de Sganarelle n'altère en rien leur admiration pour « le plus grand médecin du monde ». Et Jacqueline de s'extasier devant le diagnostic évident (on a dit à Sganarelle que Lucinde était muette !) et le raisonnement pseudo-scientifique adorné de citations latines fantaisistes et souligné de plaisantes postures, médusée qu'elle est, à l'égal de son mari[7].

L'apparence la moins vraisemblable suffit à nourrir l'admiration des ignorants. Le paysan Thibaut et son fils Perrin ne font que passer sur la scène, en III, 2, attirés qu'ils ont été par la renommée de ce médecin. Pour la mère malade, ils voudraient que Sganarelle leur baille « quelque petite drôlerie ». Tout le plaisir comique de la scène vient de la maladresse de langage de Thibaut, qui a bien du mal à décrire l'« hypocrisie » – entendons : l'hydropisie – de sa femme, et se perd dans le vocabulaire anatomique et dans le vocabulaire médical. Une fois payé – encore un trait de satire médicale outré –, Sganarelle ordonne pour tout remède un simple morceau de fromage – ce qui est

---

7   « JACQUELINE. – L'habile homme que velà ! / LUCAS. – Oui, ça est si
     biau, que je n'y entends goutte. » (II, 4). Même réaction un peu plus
     loin dans cette scène.

encore critique des remèdes. Trop simple ! À ces crédules qui attendent du merveilleux de la médecine, Sganarelle doit expliquer qu'il s'agit d'un fromage préparé, plein d'ingrédients précieux. Et les deux nigauds de s'en aller, confiants et reconnaissants.

Farce paysanne, *Le Médecin malgré lui* est en même temps une farce médicale qui, à travers la bouffonnerie de l'imposteur et la sotte crédulité des patients, constitue un intéressant jalon dans la satire contre la médecine : la médecine est un charlatanisme qui n'en impose qu'aux imbéciles.

COMIQUE ET FANTAISIE

Il est aisé de repérer les différentes sources du rire dans cette farce. À commencer par le comique de mots. Massivement, le langage paysan et le jargon latin, qui agrémente un raisonnement pseudo-médical et bouffon, égaient le dialogue. Mais Sganarelle est capable de faire de l'esprit ; voyez au moins la dernière ordonnance dictée au faux apothicaire : « une prise de fuite purgative, que vous mêlerez comme il faut avec deux drachmes de matrimonium en pilules » (III, 6), et la suite immédiate, qui est une invitation à enlever la fille. Tout cela est donné, sous le nez de Géronte, en langage médical crypté.

Le comique de geste est aussi massif. Laissons de côté la querelle conjugale et l'intervention malencontreuse du voisin dans cette querelle, où pleuvent invectives, menaces et coups ; laissons de côté le jeu attendu de tous ces paysans stupides et crédules, admiratifs et soumis au faux

médecin ; et contentons-nous de mentionner l'élocution
et le ton de furie pris par Lucinde quand elle a retrouvé
la parole. Il suffit d'examiner le rôle de Sganarelle pour
mesurer l'importance du jeu scénique : coups donnés et
coups reçus, chant d'ivrogne, postures et contorsions dans
le déguisement, puisque Sganarelle fait le médecin burlesque, bousculade entre Lucas et Jacqueline, gestes pour
recevoir de l'argent, menaces contre Léandre, mouvements
pour empêcher Géronte de voir le colloque des amoureux.
On vérifie cette importance au nombre et à la précision
des didascalies.

On retrouve au passage la place de la grossièreté et de la
scatologie, dans les gestes comme dans les mots. Tout à son
instinct, le sensuel Sganarelle caresse l'appétissante nourrice,
va pisser dans la cour avant de retourner à sa consultation
et utilise à double entente – comique médical attendu – le
clystère à connotation sexuelle dont aura besoin Lucinde et
que lui donnera l'amoureux-apothicaire Léandre.

Tout cela est pris dans une intrigue de tromperie, qui
nous fait rire des sots trompés. Toutes les sortes de comique,
toutes les techniques farcesques sont donc mises en œuvre
dans ce *Médecin malgré lui*.

Avec un excès de fantaisie, sur lequel il convient
d'insister pour finir, car il définit la qualité originale de
ce rire farcesque. La fantaisie outrepasse le réalisme, pourtant bien présent aussi dans la pièce. Ont été signalés au
passage la logique et la cohérence parfois douteuses de
l'enchaînement de l'intrigue, le peu de souci parfois aussi
de la vraisemblance des situations. En allant dans le même
sens, on pourrait souligner le schématisme des personnages,
souvent réduits à de simples marionnettes plus ou moins
grotesques. Pour le dire en un mot, on assiste à une sorte
de déshumanisation générale, qui libère un rire plus dru.

Relisons pour nous en convaincre et le début et la fin de la farce, où seulement paraît Martine, et considérons les rapports conjugaux. Dans la querelle conjugale initiale, à l'obstination mécanique de Martine répond celle de Sganarelle, qui veut être le maître. Mais voyez comme il répond aux reproches de sa femme, par quelques plaisanteries cyniques qui déshumanisent les personnages et la situation. Le mari et père indigne mange l'argent du ménage ? – Non, il en boit une partie. Il laisse quatre petits enfants sur les bras de sa femme ? – Qu'elle les mette à terre ! Et autres répliques du même tonneau. Sganarelle se moque et refuse le sérieux humain de la situation dont il est responsable. Reportons-nous maintenant en III, 9, à l'autre extrémité de la pièce, quand Martine revient. C'est elle alors qui rend la pareille à Sganarelle, se moquant de sa condamnation et refusant de prendre au sérieux sa prochaine pendaison ; c'est elle qui fait preuve d'un cynisme explosif et ne regrette qu'une chose, que le fagotier n'ait pas achevé de couper son bois avant de mourir. D'où les admirables répliques de leur dernier dialogue conjugal :

> SGANARELLE. – Retire-toi de là, tu me fends le cœur.
> MARTINE. – Non, je veux demeurer pour t'encourager à la mort, et je ne te quitterai point que je ne t'aie vu pendu.
> SGANARELLE. – Ah !

Réponse de la bergère au berger, sur le même ton, et qui fait basculer la farce dans un excès d'irréalisme qui couronne sa fantaisie générale. Et sans inquiétude, car Sganarelle ne sera pas pendu !

Les spectateurs de Molière rirent beaucoup à ce savoureux spectacle, et le dramaturge s'empressa de donner le même plaisir aux lecteurs en faisant publier sa pièce quatre mois après sa création sur la scène.

LE TEXTE

Nous transcrivons le texte de l'édition originale :

LE / MEDECIN / MALGRé LVY. / *COMEDIE.* / Par I. B. P.
DE MOLIERE. / A PARIS, / Chez Iean RIBOV, au Palais,
sur le / Grand Peron, vis à vis la porte de l'Eglise / de la
Saincte Chapelle, à l'Image S. Louis. / M. DC. LXVII. /
Auec Priuilege du Roy. In-12 : Frontispice – 2 ff. non ch.
[Acteurs et Privilège] – p. 1-152 [texte de la pièce].

Deux exemplaires sont conservés à la BnF : à Tolbiac
(RES-YF-4187 ; numérisé : IFN-8610796) et aux Arts du
spectacle (8-RF-3224 (RES)).

BIBLIOGRAPHIE COMPLÉMENTAIRE

Quelques éditions parmi les éditions séparées, les petites
éditions scolaires étant constamment reprises :

Éd. Fernand Angué, Pais, Bordas, 1984 (1963) (Univers
    des Lettres Bordas).
Le Médecin malgré lui. Le Médecin volant, illustrations de
    Dario Fo, tirées de ses carnets de mise en scène, Paris,
    Imprimerie nationale, 1991 (Le spectateur français).
Éd. Isabelle et Gabriel Conesa, Paris, Gallimard, 1998 (La
    Bibliothèque Gallimard, 3).
Éd. Bernadette Rey-Flaud, notes complémentaires et

bibliographie par Claude Bourqui, Paris, Librairie
générale française, 1999 (Le Livre de poche).
Éd. Isabelle Ducos-Filippi et Isabelle Maëstre, Paris, Bordas,
2015 (1994 et 2003) (Les Classiques Bordas).

ÉTUDES

LEBÈGUE, Raymond, « Molière et la farce », *C.A.I.E.F.*,
1964, p. 183-201.
PELOUS, Jean-Michel, « Les métamorphoses de Sganarelle :
la permanence d'un type comique », *R.H.L.F.*, 1972,
nº 5-6, p. 821-849.
SCHOELL, Konrad, « *Le Médecin malgré lui* und die
Farcenkomik », *Literatur in Wissenschaft und Unterricht*,
V, 1972, p. 110-126.
MAZOUER, Charles, *Le Personnage du naïf dans le théâtre
comique du Moyen Âge à Marivaux*, Paris, Klincksieck,
1979 (Bibliothèque française et romane. Série C, 76).
REY-FLAUD, Bernadette, *Molière et la farce*, Genève, Droz,
1996.
BAUDRY-KRUGER, Hervé, *Molière par-derrière. Essai sur un
motif du comique médical dans la tétralogie (L'Amour médecin,
Le Médecin malgré lui, Monsieur de Pourceaugnac, Le Malade
imaginaire)*, Soignies (Belgique), Talus d'approche, 2007.
CORNUAILLE, Philippe, *Les Décors de Molière. 1658-1674*,
Paris, PUPS, 2015.
DANDREY, Patrick, « La tradition du médecin charlatan
revue par Molière ou l'imposture candide, [in] *Théâtre
et charlatans dans l'Europe moderne*, Paris, Presses de la
Sorbonne Nouvelle, 2018, p. 117-125.

LE
MEDECIN
MALGRE LUY.

COMEDIE.

Par I. B. P. DE MOLIERE

A PARIS,

Chez IEAN RIBOV, au Palais, sur le
Grand Peron, vis-à-vis la porte de l'Eglise
de la Saincte Chapelle, à l'Image S. Louis.

M. DC. LXVII.

Avec Priuilege du Roy.

Par grace & Priuilege du Roy donné à Paris le 8. jour d'Octobre 1666. Signé par le Roy en son Conseil GVITONNEAV. Il est permis à IEAN BAPTISTE POCQUELIN DE MOLIERE, Comedien de la troupe de notre très cher & très Amé Frere Vnique le Duc d'Orléans, de faire imprimer, vendre et debiter une Comedie par luy composée, Intitulée *Le Médecin malgré lui*, pendant sept années : et défenses sont faites à tous autres de l'imprimer, ny vendre d'autre Edition que celle de l'Exposant, ou de ceux qui auront droit de luy, à peine de quinze cens liures d'amande, confiscation des Exemplaires, & de tous autres despens, dommages, & intérests, comme il est porté plus amplement par lesdites Lettres.

Registré sur le Liure de la Communauté. Signé PIGET. *Sindic.*

Et ledit sieur de MOLIERE a cedé & transporté son droict de Priuilege à IEAN RIBOV, Marchand libraire à Paris, pour en joüir suiuant l'accord entre eux.

Achevé d'imprimer pour la premiere fois, le 24. Décembre 1666.

ACTEURS

SGANARELLE[1], mari de Martine.

MARTINE, femme de Sganarelle.

M. ROBERT, voisin de Sganarelle.

VALÈRE, domestique[2] de Géronte.

LUCAS, mari de Jacqueline.

GÉRONTE, père de Lucinde.

JACQUELINE, nourrice chez Géronte et femme de Lucas.

LUCINDE[3], fille de Géronte.

LÉANDRE, amant de Lucinde.

THIBAUT, père de Perrin.

PERRIN, fils de Thibaut, paysan.

---

1   Rôle créé par Molière, dont on connaît les deux costumes : son costume de fagotier et son déguisement de médecin.

2   Un *domestique* est attaché à la maison (*domus*), quel que soit son rang. Son nom, ce qu'on sait de son costume par la gravure et même son langage font de Valère autre chose qu'un valet – une sorte d'intendant, suggère Georges Couton.

3   Rôle très probablement créé par Armande Béjart, la femme de Molière.

LE MÉDECIN MALGRÉ LUI

Comédie

ACTE I

Scène 1

SGANARELLE, MARTINE,
paraissant sur le théâtre en se querellant.

SGANARELLE

Non, je te dis que je n'en veux rien faire, et que c'est à moi de parler, et d'être le maître.

MARTINE   [A] [2]

Et je te dis, moi, que je veux que tu vives à ma fantaisie, et que je ne me suis point mariée avec toi pour souffrir tes fredaines.

SGANARELLE

Oh ! la grande fatigue que d'avoir une femme, et qu'Aristote a bien raison[4], quand il dit qu'une femme est pire qu'un démon !

MARTINE

Voyez un peu l'habile homme, avec son benêt d'Aristote.

---

4   Un Aristote selon la fantaisie de Sganarelle ! Il a dû souvent entendre ce nom quand il servait le « fameux médecin ».

SGANARELLE

Oui, habile homme : trouve-moi un faiseur de fagots
qui sache, comme moi, rai[3]sonner des choses, qui ait servi
six ans un fameux médecin, et qui ait su, dans son jeune
âge, son rudiment[5] par cœur.

MARTINE

Peste du fou fieffé !

SGANARELLE

Peste de la carogne[6] !

MARTINE

Que maudit soit l'heure, et le jour, où je m'avisai d'aller
dire oui !

SGANARELLE

Que maudit soit le bec cornu[7] de notaire, qui me fit
signer ma ruine !

MARTINE

C'est bien à toi, vraiment, [A ij][4] à te plaindre de cette
affaire. Devrais-tu être un seul moment sans rendre grâce
au Ciel de m'avoir pour ta femme, et méritais-tu d'épouser
une personne comme moi ?

SGANARELLE

Il est vrai que tu me fis trop d'honneur, et que j'eus lieu
de me louer la première nuit de nos noces. Hé ! morbleu !

---

5   *Rudiment* : « le premier livre qu'on donne aux enfants pour apprendre
    les principes de la langue latine » (Furetière). On verra bientôt ce que
    vaut le latin de Sganarelle.
6   *Carogne* : femme débauchée. Injure assez vague.
7   Le *bec cornu* est le cocu.

ne me fais point parler là-dessus : je dirais de certaines choses…

SGANARELLE — *MARTINE*
MARTINE

Quoi ? que dirais-tu ?

SGANARELLE

Baste[8], laissons là ce chapitre. Il suffit que nous savons ce que nous savons[9], et que [5] tu fus bien heureuse de me trouver.

MARTINE

Qu'appelles-tu bien heureuse de te trouver ? Un homme qui me réduit à l'hôpital[10], un débauché, un traître qui me mange tout ce que j'ai ?

SGANARELLE

Tu as menti, j'en bois une partie.

MARTINE

Qui me vend, pièce à pièce, tout ce qui est dans le logis.

SGANARELLE

C'est vivre de ménage[11].

MARTINE

Qui m'a ôté jusqu'au lit [A iij] [6] que j'avais.

---

8   Suffit (voir l'italien *basta*).
9   Je suis sûr de mon fait.
10 *L'hôpital* recueillait pauvres, mendiants, enfants, infirmes et malades.
11 *Vivre de ménage*, c'est d'abord vivre en économisant ; puis, par jeu de mots, vivre en vendant ses meubles.

SGANARELLE

Tu t'en lèveras plus matin.

MARTINE

Enfin, qui ne laisse aucun meuble dans toute la maison.

SGANARELLE

On en déménage plus aisément.

MARTINE

Et qui, du matin jusqu'au soir, ne fait que jouer et que boire.

SGANARELLE

C'est pour ne me point ennuyer.

MARTINE

Et que veux-tu, pendant ce temps, que je fasse avec ma famille ?

SGANARELLE   [7]

Tout ce qu'il te plaira.

MARTINE

J'ai quatre pauvres petits enfants sur les bras.

SGANARELLE

Mets-les à terre.

MARTINE

Qui me demandent à toute heure du pain.

SGANARELLE

Donne-leur le fouet. Quand j'ai bien bu, et bien mangé, je veux que tout le monde soit saoul dans ma maison.

MARTINE

Et tu prétends, ivrogne, que les choses aillent toujours de même ?

SGANARELLE   [A iiij] [8]

Ma femme, allons tout doucement, s'il vous plaît.

MARTINE

Que j'endure éternellement tes insolences, et tes débauches ?

SGANARELLE

Ne nous emportons point, ma femme.

MARTINE

Et que je ne sache pas trouver le moyen de te ranger à ton devoir ?

SGANARELLE

Ma femme, vous savez que je n'ai pas l'âme endurante, et que j'ai le bras assez bon.

MARTINE

Je me moque de tes menaces.

SGANARELLE   [9]

Ma petite femme, ma mie, votre peau vous démange, à votre ordinaire.

MARTINE

Je te montrerai bien que je ne te crains nullement.

SGANARELLE

Ma chère moitié, vous avez envie de me dérober quelque chose[12].

MARTINE

Crois-tu que je m'épouvante de tes paroles ?

SGANARELLE

Doux objet de mes vœux, je vous frotterai les oreilles.

MARTINE

Ivrogne que tu es.

SGANARELLE   [10]

Je vous battrai.

MARTINE

Sac à vin !

SGANARELLE

Je vous rosserai.

MARTINE

Infâme !

SGANARELLE

Je vous étrillerai.

MARTINE

Traître, insolent[13], trompeur, lâche, coquin, pendard, gueux, bélître[14], fripon, maraud, voleur… !

---

12   Vous avez envie de me dérober un soufflet ou un coup de bâton, c'est-à-dire : vous voulez que je vous batte.
13   *Insolent* : violent, sauvage.
14   *Bélître* : gueux, mendiant.

SGANARELLE
(*Il prend un bâton et lui en donne.*)
Ah! vous en voulez, donc.

MARTINE   [11]
Ah! ah! ah! ah!

SGANARELLE
Voilà le vrai moyen de vous apaiser.

Scène 2
MONSIEUR ROBERT, SGANARELLE, MARTINE

M. ROBERT
Holà, holà, holà! Fi! Qu'est-ce ci? Quelle infamie!
Peste soit le coquin, de battre ainsi sa femme!

MARTINE, *les mains sur les côtés,*   [12]
lui parle en le faisant reculer,
et à la fin lui donne un soufflet.
Et je veux qu'il me batte, moi.

M. ROBERT
Ah! j'y consens de tout mon cœur.

MARTINE
De quoi vous mêlez-vous?

M. ROBERT
J'ai tort.

MARTINE
Est-ce là votre affaire?

M. ROBERT

Vous avez raison.

MARTINE

Voyez un peu cet impertinent[15], qui veut empêcher les
maris de battre leurs femmes.

M. ROBERT   [13]

Je me rétracte.

MARTINE

Qu'avez-vous à voir là-dessus ?

M. ROBERT

Rien.

MARTINE

Est-ce à vous d'y mettre le nez ?

M. ROBERT

Non.

MARTINE

Mêlez-vous de vos affaires.

M. ROBERT

Je ne dis plus mot.

MARTINE

Il me plaît d'être battue.

M. ROBERT

D'accord.

---

15 *Impertinent* : qui agit mal à propos, sot.

MARTINE   [B] [14]
Ce n'est pas à vos dépens[16].

M. ROBERT
Il est vrai.

MARTINE
Et vous êtes un sot, de venir vous fourrez où vous n'avez
que faire.

M. ROBERT
*(Il passe ensuite vers le mari, qui, pareillement, lui parle
toujours en le faisant reculer, le frappe avec le même bâton,
et le met en fuite; il dit à la fin :)*
Compère, je vous demande pardon, de tout mon cœur.
Faites, rossez, battez, comme il faut, votre femme; je vous
aiderai si vous le voulez.

SGANARELLE
Il ne me plaît pas, moi.   [15]

M. ROBERT
Ah! c'est une autre chose.

SGANARELLE
Je la veux battre, si je le veux; et ne la veux pas battre,
si je ne le veux pas.

M. ROBERT
Fort bien.

SGANARELLE
C'est ma femme, et non pas la vôtre.

---

16 *À vos dépens* : à vos frais, à votre détriment.

M. ROBERT

Sans doute[17].

SGANARELLE

Vous n'avez rien à me commander.

M. ROBERT

D'accord.

SGANARELLE   [B ij] [16]

Je n'ai que faire de votre aide.

M. ROBERT

Très volontiers.

SGANARELLE

Et vous êtes un impertinent, de vous ingérer des[18] affaires
d'autrui. Apprenez que Cicéron dit qu'entre l'arbre et le
doigt, il ne faut point mettre l'écorce[19].
   (*Ensuite, il revient vers sa femme, et lui dit,*
        en luit pressant la main :)
Oh ! çà, faisons la paix nous deux. Touche-là[20].

MARTINE   [17]

Oui ! après m'avoir ainsi battue !

SGANARELLE

Cela n'est rien, touche.

---

17   Assurément.
18   On disait *s'ingérer dans* ou *s'ingérer de.*
19   Le proverbe est attribué de manière fantaisiste à Cicéron et est cité de
     travers (il ne faut pas mettre le doigt entre le bois et l'écorce).
20   M. Robert ayant été battu et chassé, Sganarelle veut se réconcilier avec
     Martine ; on se touche la main, on se donne la main en signe d'accord.

MARTINE

Je ne veux pas.

SGANARELLE

Eh !

MARTINE

Non.

SGANARELLE

Ma petite femme.

MARTINE

Point.

SGANARELLE

Allons, te dis-je.

MARTINE

Je n'en ferai rien.

SGANARELLE   [B ij] [18]

Viens, viens, viens.

MARTINE

Non, je veux être en colère.

SGANARELLE

Fi ! c'est une bagatelle. Allons, allons.

MARTINE

Laisse-moi là.

SGANARELLE

Touche, te dis-je.

MARTINE

Tu m'as trop maltraitée.

SGANARELLE

Eh bien ! va, je te demande pardon ; mets-là ta main.

MARTINE

Je te pardonne ; (*elle dit le reste bas)* mais tu le [19] payeras.

SGANARELLE

Tu es une folle de prendre garde à cela. Ce sont petites choses qui sont, de temps en temps, nécessaires dans l'amitié[21] ; et cinq ou six coups de bâton, entre gens qui s'aiment, ne font que ragaillardir l'affection. Va, je m'en vais au bois : et je te promets, aujourd'hui, plus d'un cent de fagots.

Scène 3   [B iiij] [20]

MARTINE, *seule.*

Va, quelque mine que je fasse, je n'oublie pas mon ressentiment ; et je brûle en moi-même de trouver les moyens de te punir des coups que tu me donnes. Je sais bien qu'une femme a toujours dans les mains de quoi se venger d'un mari[22] ; mais c'est une punition trop délicate pour mon pendard. Je veux une vengeance qui se fasse un peu mieux sentir[23] ; et ce n'est pas [21] contentement pour l'injure[24] que j'ai reçue.

---

21   Ici, dans l'affection conjugale.
22   En le trompant avec un autre.
23   Dont il souffre dans son corps, comme quand il recevra des coups de bâton.
24   *Injure* : injustice ; dommage.

Scène 4
VALÈRE, LUCAS, MARTINE

LUCAS

Parguenne, j'avons pris là, tous deux, une gueble[25] de commission ; et je ne sais pas, moi, ce que je pensons attraper.

VALÈRE[26]

Que veux-tu, mon pauvre nourricier[27] ? il faut bien obéir à notre maître ; et puis, nous avons intérêt, l'un et l'autre, [22] à la santé de sa fille notre maîtresse ; et, sans doute[28], son mariage, différé par sa maladie, nous vaudrait quelque récompense. Horace qui est libéral, a bonne part aux prétentions qu'on peut avoir sur sa personne[29] : et quoiqu'elle ait fait voir de l'amitié[30] pour un certain Léandre, tu sais bien que son père n'a jamais voulu consentir à le recevoir pour son gendre.

MARTINE, *rêvant à part elle*[31].

Ne puis-je point trouver quelque invention pour me venger ?

LUCAS

Mais quelle fantaisie s'est-il [23] boutée[32] là dans la tête, puisque les médecins y avont tous pardu leur latin ?

---

25 *Gueble* : déformation pour diable (« une diable de commission »), de
même que *parguenne* est une déformation pour « par Dieu ».
26 Comme Lucas, Valère ne voit pas Martine.
27 *Nourricier* : « mari de la nourrice » (Furetière).
28 Assurément.
29 Horace est un prétendant sérieux pour la fille de la maison.
30 De l'amour.
31 Elle non plus ne voit pas les deux hommes.
32 *Bouter*, pour mettre, est vieilli au XVIIe siècle.

VALÈRE

On trouve quelquefois, à force de chercher, ce qu'on ne trouve pas d'abord ; et souvent, en de simples lieux…

MARTINE

Oui, il faut que je m'en venge à quelque prix que ce soit : ces coups de bâton me reviennent au cœur, je ne les saurais digérer, et… (*Elle dit tout ceci en rêvant[33], de sorte que ne prenant pas garde à ces deux hommes, elle les heurte en se retournant et leur dit :*) Ah ! Messieurs, je vous demande pardon, je ne vous voyais pas ; et cherchais dans [24] ma tête quelque chose qui m'embarrasse.

VALÈRE

Chacun a ses soins[34] dans le monde ; et nous cherchons, aussi, ce que nous voudrions bien trouver.

MARTINE

Serait-ce quelque chose où je vous puisse aider ?

VALÈRE

Cela se pourrait faire ; et nous tâchons de rencontrer quelque habile homme, quelque médecin particulier[35], qui pût donner quelque soulagement à la fille de notre maître, attaquée d'une maladie qui lui a ôté tout d'un coup [25] l'usage de la langue. Plusieurs médecins ont déjà épuisé toute leur science après elle ; mais on trouve, parfois, des gens avec des secrets admirables, de certains remèdes particuliers, qui font le plus souvent ce que les autres n'ont su faire, et c'est là, ce que nous cherchons.

---

33 *Rêver* : méditer profondément.
34 Soucis.
35 Un médecin « particulier », avec des remèdes « particuliers » doit être quelque opérateur, quelque charlatan, ou quelque alchimiste qui échappent à la médecine officielle.

MARTINE
(Elle dit ces trois premières lignes[36] bas.)

Ah ! que le Ciel m'inspire une admirable invention, pour me venger de mon pendard. (*Haut.*) Vous ne pouviez jamais vous mieux adresser pour rencontrer ce que vous cherchez ; et nous avons ici [C] [26] un homme, le plus merveilleux homme du monde, pour les maladies désespérées.

VALÈRE
Et de grâce, où pouvons-nous le rencontrer ?

MARTINE
Vous le trouverez, maintenant, vers ce petit lieu que voilà, qui s'amuse[37] à couper du bois.

LUCAS
Un médecin qui coupe du bois !

VALÈRE
Qui s'amuse à cueillir des simples, voulez-vous dire ?

MARTINE
Non, c'est un homme ex[27]traordinaire qui se plaît à cela, fantasque, bizarre[38], quinteux[39], et que vous ne prendriez jamais pour ce qu'il est. Il va vêtu d'une façon extravagante, affecte, quelquefois, de paraître ignorant, tient sa science renfermée, et ne fuit rien tant tous les jours que d'exercer les merveilleux talents qu'il a eus du Ciel pour la médecine.

---

36 Pour nous : la première phrase.
37 Qui se distrait.
38 *Bizarre* : fantasque, extravagant.
39 *Quinteux* : « capricieux, fantasque » (Furetière).

VALÈRE

C'est une chose admirable, que tous les grands hommes ont toujours du caprice, quelque petit grain de folie, mêlé à leur science[40].

MARTINE   [C ij] [28]

La folie de celui-ci est plus grande qu'on ne peut croire : car elle va, parfois, jusqu'à vouloir être battu pour demeurer d'accord de sa capacité ; et je vous donne avis que vous n'en viendrez point à bout, qu'il n'avouera jamais qu'il est médecin, s'il se le met en fantaisie, que vous ne preniez chacun un bâton, et ne le réduisiez, à force de coups, à vous confesser à la fin ce qu'il vous cachera d'abord. C'est ainsi que nous en usons, quand nous avons besoin de lui.

VALÈRE   [29]

Voilà une étrange[41] folie !

MARTINE

Il est vrai ; mais après cela, vous verrez qu'il fait des merveilles.

VALÈRE

Comment s'appelle-t-il ?

MARTINE

Il s'appelle Sganarelle ; mais il est aisé à connaître. C'est un homme qui a une large barbe noire[42], et qui porte une fraise[43], avec un habit jaune et vert.

---

40   Aristote et Sénèque avaient déjà dit cela.
41   *Étrange* : extraordinaire.
42   La gravure de 1682 ne montre qu'une épaisse moustache.
43   La *fraise* (collerette de linon, et de dentelle empesée) se portait au XVIᵉ et au début du XVIIᵉ siècle.

LUCAS

Un habit jaune et vart! C'est donc le médecin des
paroquets.

VALÈRE   [C iij] [30]
Mais est-il bien vrai qu'il soit si habile que vous le dites?

MARTINE

Comment! C'est un homme qui fait des miracles. Il
y a six mois qu'une femme fut abandonnée de tous les
autres médecins. On la tenait morte, il y avait déjà six
heures; et l'on se disposait à l'ensevelir, lorsqu'on y fit
venir de force l'homme dont nous parlons. Il lui mit,
l'ayant vue, une petite goutte de je ne sais quoi dans la
bouche; et dans le même instant, elle se leva de son lit,
[31] et se mit, aussitôt, à se promener dans sa chambre,
comme si de rien n'eût été.

LUCAS

Ah!

VALÈRE

Il fallait que ce fût quelque goutte d'or potable[44].

MARTINE

Cela pourrait bien être. Il n'y a pas trois semaines,
encore, qu'un jeune enfant de douze ans tomba du haut
du clocher en bas et se brisa sur le pavé, la tête, les bras et
les jambes. On n'y eut pas plus tôt amené notre homme,
qu'il le frotta par tout le corps d'un certain [C iiij] [32]

---

44 Selon Littré, *l'or potable* est « un liquide huileux et alcoolique qu'on
    obtient en versant une huile volatile dans une dissolution de chlorure
    d'or » ; on considérait l'or potable comme un élixir de santé.

onguent qu'il sait faire ; et l'enfant, aussitôt, se leva sur ses pieds, et courut jouer à la fossette[45].

LUCAS

Ah !

VALÈRE

Il faut que cet homme-là ait la médecine universelle[46].

MARTINE

Qui en doute ?

LUCAS

Testigué ! velà justement l'homme qu'il nous faut. Allons vite le charcher.

VALÈRE

Nous vous remercions du plaisir que vous nous faites.

MARTINE   [33]

Mais souvenez-vous bien au moins de l'avertissement que je vous ai donné.

LUCAS

Eh ! morguenne ! laissez-nous faire : s'il ne tient qu'à battre, la vache est à nous[47].

VALÈRE

Nous sommes bien heureux d'avoir fait cette rencontre ; et j'en conçois, pour moi, la meilleure espérance du monde.

---

45   La *fossette* est un petit trou que les enfants font pour jouer aux billes ; ils *jouent à la fossette* en lançant leurs billes dans le trou.
46   La *médecine universelle* guérit tout, grâce à quelque panacée.
47   L'expression signifie qu'on obtiendra facilement quelque chose.

Scène 5   [34]
SGANARELLE, VALÈRE, LUCAS

SGANARELLE *entre sur le théâtre en chantant,*
et tenant une bouteille.

La, la, la.

VALÈRE
J'entends quelqu'un qui chante, et qui coupe du bois.

SGANARELLE
La, la, la… Ma foi, c'est assez travaillé pour un coup ;
prenons un peu d'haleine. (*Il boit, et dit après avoir bu* :) Voilà
du bois qui est salé[48] comme tous les diables.

> *Qu'ils sont doux*
> *Bouteille jolie,*
> *Qu'ils sont doux*
> *Vos petits glouglous !*
> *Mais mon sort ferait bien des jaloux,*
> *Si vous étiez toujours remplie.*
> *Ah ! Bouteille ma mie,*
> *Pourquoi vous vuidez-vous[49] ?*

---

48 Du bois qui donne soif !

49 L'air a certainement été composé par Lully. La partition est conservée aux
    Archives de la Comédie-Française, tirée du *Recüeïl complet de vaudevilles
    et airs choisis qui ont été chantés à la Comédie-Françoise depuis l'année 1659,
    jusqu'à l'année presente 1753. Avec les dattes de toutes les années et le nom des
    auteurs,* Paris, Aux adresses ordinaires, 1753, p. 2 ; au bas de cette page,
    on trouve la traduction en latin des paroles de cette chanson bachique !
    La chanson et sa mélodie furent célèbres ; elles ont été reprises et adaptées
    (Marc-Antoine Charpentier, par exemple, laisse plusieurs adaptations :
    H 460, H 460 a, H 460 b, H 460 c). Ainsi, la mélodie transposée se
    trouve dans *La Clef des chansonniers* de Jean-Christophe Ballard, 1717
    (éd. Herbert Schneider, Hildesheim-Zürich-New York, G. Olms, 2005,
    p. 303).

Quam dulces,
Amphora amoena,
Quam dulces,
Sunt tuae voces !
Dum fundis merum in calices,
Utinam semper esses plena !
Ah ! Ah ! cara mea lagena,
Vacua cur jaces ?

(Comme elles sont douces,
Charmante amphore,
Comme elles sont douces,
Tes paroles !
Tant que tu verses le vin pur dans les coupes,
Fasse le ciel que tu restes toujours pleine
Ah ! Ah ! ma chère bouteille,
Pourquoi gis-tu vide[50] ?)

Allons, morbleu ! il ne faut point engendrer de mélancolie.

VALÈRE

Le voilà lui-même.

LUCAS

Je pense que vous dites vrai, et que j'avons bouté[51] le
[36] nez dessus.

VALÈRE

Voyons de près.

---

50   Traduction de Charles Mazouer.
51   *Bouter* : voir *supra* la note 32, p. 276.

SGANARELLE, *les apercevant, les regarde*
en se tournant vers l'un, et puis vers l'autre,
et abaissant sa voix, dit :

Ah ! ma petit friponne ! que je t'aime, mon petit bouchon[52] !

Mon sort … ferait … bien des … jaloux,
Si…

Que diable ! à qui en veulent ces gens-là ?

VALÈRE
C'est lui assurément.

LUCAS
Le velà tout craché, comme on nous l'a défiguré[53].

SGANARELLE, *à part.*   [37]
(Ici, il pose sa bouteille à terre, et Valère se baissant
pour le saluer, comme il croit que c'est à dessein de la prendre,
il la met de l'autre côté ; ensuite de quoi, Lucas faisant
la même chose, il la reprend, et la tient contre son estomac[54]
avec divers gestes, qui font un grand jeu de théâtre.)
Ils consultent en me regardant. Quel dessein auraient-ils ?

VALÈRE
Monsieur, n'est-ce pas vous qui vous appelez Sganarelle ?

SGANARELLE
Eh ! quoi ?

---

52 Sganarelle cajole sa bouteille comme une femme, avec le même terme d'affection !
53 Décrit, dépeint.
54 *Estomac* : poitrine.

VALÈRE

Je vous demande si ce n'est pas vous qui se nomme
Sganarelle[55].

SGANARELLE   [D] [38]
(Se tournant vers Valère, puis vers Lucas.)
Oui, et non, selon ce que vous lui voulez.

VALÈRE

Nous ne voulons que lui faire toutes les civilités que
nous pourrons.

SGANARELLE

En ce cas, c'est moi qui se nomme Sganarelle.

VALÈRE

Monsieur, nous sommes ravis de vous voir. On nous a
adressés à vous pour ce que nous cherchons ; et nous venons
implorer votre aide, dont nous avons besoin.

SGANARELLE   [39]
Si c'est quelque chose, Messieurs, qui dépende de mon
petit négoce, je suis tout prêt à vous rendre service.

VALÈRE

Monsieur, c'est trop de grâce que vous nous faites. Mais,
Monsieur, couvrez-vous, s'il vous plaît, le soleil pourrait
vous incommoder.

---

55   Pour sa deuxième demande, Valère use d'une syntaxe populaire, qui
     fait une faute d'accord.

LUCAS

Monsieu, boutez dessus[56].

SGANARELLE, *bas.*

Voici des gens bien pleins de cérémonie.

VALÈRE

Monsieur, il ne faut pas trouver étrange que nous
[D ij] [40] venions à vous : les habiles gens sont toujours
recherchés, et nous sommes instruits de votre capacité.

SGANARELLE

Il est vrai, Messieurs, que je suis le premier homme du
monde pour faire des fagots.

VALÈRE

Ah ! Monsieur…

SGANARELLE

Je n'y épargne aucune chose, et les fais d'une façon qu'il
n'y a rien à dire[57].

VALÈRE

Monsieur, ce n'est pas cela dont il est question.

SGANARELLE   [41]

Mais aussi, je les vends cent dix sols le cent.

VALÈRE

Ne parlons point de cela, s'il vous plaît.

---

56 Mettez votre chapeau sur votre tête, couvrez-vous. Comme systémati-
    quement, Lucas traduit en langage populaire la réplique précédente de
    Valère.
57 Rien à redire.

SGANARELLE

Je vous promets, que je ne saurais les donner à moins.

VALÈRE

Monsieur, nous savons les choses.

SGANARELLE

Si vous savez les choses, vous savez que je les vends cela.

VALÈRE

Monsieur, c'est se moquer que...

SGANARELLE   [D iij] [42]

Je ne me moque point, je n'en puis rien rabattre.

VALÈRE

Parlons d'autre façon, de grâce.

SGANARELLE

Vous en pourrez trouver autre part à moins : il y a fagots
et fagots. Mais pour ceux que je fais...

VALÈRE

Eh ! Monsieur, laissons là ce discours.

SGANARELLE

Je vous jure que vous ne les auriez pas, s'il s'en fallait
un double[58].

VALÈRE   [43]

Eh ! fi !

---

58   Monnaie de cuivre qui vaut deux deniers et qui symbolise la plus petite
     somme possible.

SGANARELLE

Non, en conscience, vous en payerez cela. Je vous parle
sincèrement, et ne suis pas homme à surfaire.

VALÈRE

Faut-il, Monsieur, qu'une personne comme vous s'amuse[59]
à ces grossières feintes ? s'abaisse à parler de la sorte ? qu'un
homme si savant, un fameux médecin, comme vous êtes,
veuille se déguiser aux yeux du monde, et tenir enterrés
les beaux talents qu'il a ?

SGANARELLE, *à part.*

Il est fou.

VALÈRE   [D iiij] [44]

De grâce, Monsieur, ne dissimulez-point avec nous.

SGANARELLE

Comment ?

LUCAS

Tout ce tripotage[60] ne sart de rian, je savons çen que
je savons.

SGANARELLE

Quoi donc ? que me voulez-vous dire ? Pour qui me
prenez-vous ?

VALÈRE

Pour ce que vous êtes, pour un grand médecin.

---

59 Voir *supra* à la note 37, p. 277.
60 Le *tripotage* est un mélange, au sens propre ; Lucas prend le mot au sens
    figuré de « complication », « embrouillamini ».

SGANARELLE

Médecin vous-même. Je ne le suis point, et ne l'ai ja[45] mais été.

VALÈRE, *bas.*

Voilà sa folie qui le tient. (*Haut*). Monsieur, ne veuillez point nier les choses davantage ; et n'en venons point, s'il vous plaît, à de fâcheuses extrémités.

SGANARELLE

À quoi, donc ?

VALÈRE

À de certaines choses, dont nous serions marris.

SGANARELLE

Parbleu ! venez-en à tout ce qu'il vous plaira, je ne suis point médecin, et ne sais ce que vous me voulez dire.

VALÈRE, *bas.*   [46]

Je vois bien qu'il faut se servir du remède. (*Haut.*) Monsieur, encore un coup, je vous prie d'avouer ce que vous êtes.

LUCAS

Et testigué[61] ! ne lantiponez point davantage, et confessez à la franquette que v'estes médecin[62].

SGANARELLE

J'enrage.

---

61   Tête de Dieu.
62   Échantillons du parler populaire. *Lantiponer* c'est faire des difficultés ; *à la franquette* : franchement.

VALÈRE

À quoi bon nier ce qu'on sait ?

LUCAS

Pourquoi toutes ces fraimes-là[63] ? à quoi est-ce que ça
vous sart ?

SGANARELLE   [47]

Messieurs, eu un mot autant qu'en deux mille, je vous
dis, que je ne suis point médecin.

VALÈRE

Vous n'êtes point médecin ?

SGANARELLE

Non.

LUCAS

V'n'estes pas médecin ?

SGANARELLE

Non, vous dis-je.

VALÈRE

Puisque vous le voulez, il faut s'y résoudre.
(*Ils prennent un bâton, et le frappent.*)

SGANARELLE

Ah ! ah ! ah ! Messieurs, je [48] suis tout ce qu'il vous
plaira.

---

63   Pourquoi toutes ces façons-là ? *Fraimes* est pour *frimes.*

VALÈRE

Pourquoi, Monsieur, nous obligez-vous à cette violence ?

LUCAS

À quoi bon nous bailler la peine de vous battre ?

VALÈRE

Je vous assure que j'en ai tous les regrets du monde.

LUCAS

Par ma figué[64] ! j'en sis fâché, franchement.

SGANARELLE

Que diable est ceci, Messieurs ? De grâce, est-ce pour
rire, ou si tous deux vous extravaguez, de vouloir que je
sois médecin ?

VALÈRE   [49]

Quoi ? vous ne vous rendez pas encore, et vous vous
défendez d'être médecin ?

SGANARELLE

Diable emporte[65] si je le suis.

LUCAS

Il n'est pas vrai qu'ous sayez médecin ?

SGANARELLE

Non, la peste m'étouffe ! (*Là, il recommence de le battre.*) Ah !
ah ! Eh bien ! Messieurs, oui, puisque vous le voulez, je suis
médecin, je suis médecin, apothicaire encore, si vous le trouvez
bon. J'aime mieux consentir à tout, que de me faire assommer.

---

64   *Par ma figué* ou *par ma figue* : par ma foi (juron populaire).
65   Le diable m'emporte.

VALÈRE   [E] [50]
Ah ! voilà qui va bien, Monsieur ; je suis ravi de vous
voir raisonnable.

LUCAS
Vous me boutez la joie au cœur, quand je vous vois
parler comme ça.

VALÈRE
Je vous demande pardon, de toute mon âme.

LUCAS
Je vous demandons excuse de la libarté que j'avons prise.

SGANARELLE, *à part.*
Ouais, serait-ce bien moi qui me tromperais, et serais-je
devenu médecin, sans m'en être aperçu ?

VALÈRE   [51]
Monsieur, vous ne vous repentirez pas de nous montrer
ce que vous êtes : et vous verrez assurément, que vous en
serez satisfait.

SGANARELLE
Mais, Messieurs, dites-moi, ne vous trompez-vous point
vous-mêmes ? Est-il bien assuré que je sois médecin ?

LUCAS
Oui, par ma figué !

SGANARELLE
Tout de bon ?

VALÈRE

Sans doute.

SGANARELLE

Diable emporte, si je le sa[E ij][52]vais !

VALÈRE

Comment ? vous êtes le plus habile médecin du monde.

SGANARELLE

Ah ! Ah !

LUCAS

Un médecin qui a guari je ne sais combien de maladies.

SGANARELLE

Tudieu !

VALÈRE

Une femme était tenue pour morte, il y avait six heures ;
elle était prête à ensevelir, lorsque, avec une goutte de
quelque chose, vous la fîtes revenir, et marcher [53] d'abord[66]
par la chambre.

SGANARELLE

Peste !

LUCAS

Un petit enfant de douze ans se laissit choir du haut d'un
clocher, de quoi il eut la tête, les jambes et les bras cassés ;
et vous, avec je ne sais quel onguent, vous fîtes qu'aussitôt
il se relevit sur ses pieds, et s'en fut jouer à la fossette.

---

66   *D'abord* : aussitôt.

SGANARELLE

Diantre !

VALÈRE

Enfin, Monsieur, vous aurez contentement avec nous ;
et vous gagnerez ce que vous [E iij] [54] voudrez, en vous
laissant conduire où nous prétendons vous mener.

SGANARELLE

Je gagnerai ce que je voudrai ?

VALÈRE

Oui.

SGANARELLE

Ah ! je suis médecin, sans contredit. Je l'avais oublié,
mais je m'en ressouviens. De quoi est-il question ? où faut-
il se transporter ?

VALÈRE

Nous vous conduirons. Il est question d'aller voir une
fille qui a perdu la parole.

SGANARELLE   [55]

Ma foi, je ne l'ai pas trouvée[67].

VALÈRE

Il aime à rire. Allons, Monsieur.

SGANARELLE

Sans une robe de médecin ?

---

67   Difficile de trouver une fille qui ne parle pas !

VALÈRE

Nous en prendrons une.

SGANARELLE,
présentant sa bouteille à Valère.

Tenez cela, vous : voilà où je mets mes juleps[68]. (*Puis se tournant vers Lucas en crachant.*) Vous, marchez là-dessus, par ordonnance du médecin[69].

LUCAS   [E iiij] [56]

Palsanguenne[70] ! velà un médecin qui me plaît ; je pense qu'il réussira, car il est bouffon.

Fin du premier acte.

ACTE II   [57]

Scène 1

GÉRONTE, VALÈRE, LUCAS, JACQUELINE

VALÈRE

Oui, Monsieur, je crois que vous serez satisfait ; et nous vous avons amené le plus grand médecin du monde.

---

68 *Julep* : préparation pharmaceutique, à base d'eau distillée, d'eau de fleur d'oranger, de sirop, de gomme arabique, etc., servant d'excipient.

69 Ce serait pour Sganarelle une manière d'affirmer sa domination sur Lucas.

70 Autre juron qui évite le nom de Dieu : « par le sang de Dieu ».

LUCAS

Oh ! morguenne[71] ! il faut tirer l'échelle[72] après ceti-là ; et tous les autres ne sont pas daignes de li déchausser ses [58] souillez[73].

VALÈRE

C'est un homme, qui a fait des cures[74] merveilleuses.

LUCAS

Qui a gari des gens qui estiants morts.

VALÈRE

Il est un peu capricieux[75], comme je vous ai dit ; et parfois, il a des moments où son esprit s'échappe, et ne paraît pas ce qu'il est.

LUCAS

Oui, il aime à bouffonner ; et l'an dirait parfois, ne v's en déplaise, qu'il a quelque petit coup de hache à la tête.

VALÈRE   [59]

Mais, dans le fond, il est toute science, et bien souvent, il dit des choses tout à fait relevées.

LUCAS

Quand il s'y boute[76], il parle tout fin drait, comme s'il lisait dans un livre.

---

71 *Morguenne* ou *morgué* est, comme *morbleu*, une altération euphémique de *mordieu*, pour éviter le nom de Dieu.

72 On ne peut mieux faire.

73 Écho burlesque des paroles de Jean-Baptiste sur le Christ : « Je ne suis pas digne d'enlever ses chaussures » (Matthieu, 3, 11).

74 *Cures* : soins, traitements.

75 *Capricieux* : fou.

76 Quand il s'y met, s'y applique.

VALÈRE

Sa réputation s'est déjà répandue ici, et tout le monde vient à lui.

GÉRONTE

Je meurs d'envie de le voir ; faites-le-moi vite venir.

VALÈRE

Je le vais quérir.

JACQUELINE   [60]

Par ma fi[77] ! Monsieu, ceti-ci fera justement ce qu'ant[78] fait les autres. Je pense que ce sera queussi queumi[79] ; et la meilleure médeçaine que l'an pourrait bailler à votre fille, ce serait, selon moi, un biau et bon mari, pour qui elle eût de l'amiquié[80].

GÉRONTE

Ouais. Nourrice, ma mie, vous vous mêlez de bien des choses.

LUCAS

Taisez-vous, notre ménagère[81] Jaquelaine : ce n'est pas à vous à bouter là votre nez.

JACQUELINE   [61]

Je vous dis et vous douze[82], que tous ces médecins n'y feront rian que de l'aigu claire, que votre fille a besoin

---

77   Par ma foi.
78   Ce qu'ont.
79   *Queussi queumi* : la même chose, pareil.
80   De l'amitié, c'est-à-dire de l'amour.
81   La *ménagère* est l'épouse qui tient le ménage.
82   Calembour populaire sur *dis/dix*, qui renforce l'affirmation.

d'autre chose que de ribarbe et de séné, et qu'un mari est
une emplâtre qui garit tous les maux des filles[83].

GÉRONTE

Est-elle en état, maintenant, qu'on s'en voulût char-
ger, avec l'infirmité qu'elle a ? Et lorsque j'ai été dans
le dessein de la marier, ne s'est-elle pas opposée à mes
volontés ?

JACQUELINE

Je le crois bian, vous li vouil[F][62]liez bailler cun[84]
homme qu'alle n'aime point. Que ne preniais-vous ce
Monsieu Liandre, qui li touchait au cœur ? Alle aurait été
fort obéissante ; et je m'en vas gager qu'il la prendrait li,
comme alle est, si vous la li vouillais donner.

GÉRONTE

Ce Léandre n'est pas ce qu'il lui faut : il n'a pas du bien,
comme l'autre.

JACQUELINE

Il a un oncle qui est si riche, dont il est hériquié.

GÉRONTE

Tous ces biens à venir me semblent autant de chansons.
[63] Il n'est rien tel que ce qu'on tient ; et l'on court grand
risque de s'abuser, lorsque l'on compte sur le bien qu'un autre
vous garde. La mort n'a pas toujours les oreilles ouvertes
aux vœux et aux prières de Messieurs les héritiers ; et l'on

---

83   Les médecins ne feront pas plus d'effet que l'eau claire, n'obtiendront
       aucun résultat. La fille n'a pas besoin de rhubarbe ou de séné, mais d'un
       mari, le meilleur emplâtre (au XVIIᵉ siècle, *emplâtre* est de genre indécis),
       le meilleur remède qui soit !

84   Rétablir : vous ne vouliez lui donner qu'un (*cun*) homme.

a le temps d'avoir les dents longues[85], lorsqu'on attend,
pour vivre, le trépas de quelqu'un.

JACQUELINE

Enfin, j'ai toujours ouï dire qu'en mariage, comme ailleurs, contentement passe richesse. Les bères et les mères ant
cette maudite couteume de demander toujours : [F ij] [64]
« Qu'a-t-il ? » et : « Qu'a-t-elle ? » Et le compère Biarre a
marié sa fille Simonette au gros Thomas, pour un quarquié
de vaigne[86] qu'il avait davantage que le jeune Robin, où alle
avait bouté son amiquié ; et Vella que la pauvre creiature
en est devenue jaune comme un coing, et n'a point profité
tout depuis ce temps-là. C'est un bel exemple pour vous,
Monsieu. On n'a que son plaisir en ce monde ; et j'aimerais
mieux bailler à ma fille un bon mari qui li fût agriable,
que toutes les rentes de la Biausse[87].

GÉRONTE   [65]

Peste ! Madame la nourrice, comme vous dégoisez[88] !
Taisez-vous, je vous prie : vous prenez trop de soin, et vous
échauffez votre lait.

LUCAS
(*En disant ceci, il frappe sur la poitrine à Géronte.*)

Morgué ! tais-toi, t'es cune impartinante[89]. Monsieu
n'a que faire de tes discours, et il sait ce qu'il a à faire.
Mêle-toi de donner à téter à ton enfant, sans tant faire la
raisonneuse. Monsieu est le père de sa fille ; et il est bon et
sage pour voir ce qu'il li faut.

---

85 *Avoir les dents longues* : avoir faim.
86 Un quartier de vigne.
87 La Beauce a toujours été considérée comme une terre riche.
88 *Dégoiser* s'emploie pour le chant des oiseaux et « figurément de ceux qui
     parlent trop et mal à propos » (Furetière).
89 Tu n'es qu'une impertinente, une sotte qui intervient mal à propos.

GÉRONTE

[F iij] [66]

Tout doux, oh! tout doux.

LUCAS

Monsieu, je veux un peu la mortifier : et li apprendre le respect qu'alle vous doit.

GÉRONTE

Oui, mais ces gestes ne sont pas nécessaires.

Scène 2   [67]
VALÈRE, SGANARELLE, GÉRONTE,
LUCAS, JACQUELINE

VALÈRE

Monsieur, préparez-vous, voici notre médecin qui entre.

GÉRONTE

Monsieur, je suis ravi de vous voir chez moi, et nous avons grand besoin de vous.

SGANARELLE, *en robe de médecin,*
avec un chapeau des plus pointus.

Hippocrate[90] dit… que nous nous couvrions tous deux.

GÉRONTE

[F iiij] [68]

Hippocrate dit cela?

SGANARELLE

Oui.

---

90 Ce très célèbre médecin grec du IVᵉ siècle avant Jésus-Christ était la référence absolue des médecins de l'époque. Sganarelle l'utilise de manière fantaisiste et burlesque.

GÉRONTE

Dans quel chapitre, s'il vous plaît ?

SGANARELLE

Dans son chapitre « Des Chapeaux ».

GÉRONTE

Puisque Hippocrate le dit, il le faut faire.

SGANARELLE

Monsieur le médecin, ayant appris les merveilleuses choses...

GÉRONTE

À qui parlez-vous, de grâce ?

SGANARELLE   [69]

À vous.

GÉRONTE

Je ne suis pas médecin.

SGANARELLE

Vous n'êtes pas médecin ?

GÉRONTE

Non, vraiment.

SGANARELLE

(*Il prend, ici, un bâton, et le bat, comme on l'a battu.*)
Tout de bon ?

GÉRONTE

Tout de bon. Ah ! ah ! ah !

SGANARELLE

Vous êtes médecin, maintenant ; je n'ai jamais eu d'autres licences[91].

GÉRONTE   [70]

Quel diable d'homme m'avez-vous là amené ?

VALÈRE

Je vous ai bien dit que c'était un médecin goguenard[92].

GÉRONTE

Oui. Mais je l'enverrais promener avec ses goguenarderies.

LUCAS

Ne prenez pas garde à ça, Monsieu : ce n'est que pour rire.

GÉRONTE

Cette raillerie ne me plaît pas.

SGANARELLE   [71]

Monsieur, je vous demande pardon de la liberté que j'ai prise.

GÉRONTE

Monsieur, je suis votre serviteur[93].

SGANARELLE

Je suis fâché…

---

91 Je n'ai jamais acquis autrement qu'en recevant des coups de bâton mes grades de second degré, qui, obtenus à la Faculté de médecine, permettaient de pratiquer.
92 Un *goguenard* fait de sottes plaisanteries, des *goguenarderies*.
93 *Je suis votre serviteur* : formule de politesse déférente.

GÉRONTE

Cela n'est rien.

SGANARELLE

Des coups de bâton…

GÉRONTE

Il n'y a pas de mal.

SGANARELLE

Que j'ai eu l'honneur de vous donner.

GÉRONTE   [72]

Ne parlons plus de cela. Monsieur, j'ai une fille qui est tombée dans une étrange[94] maladie.

SGANARELLE

Je suis ravi, Monsieur, que votre fille ait besoin de moi ; et je souhaiterais de tout mon cœur que vous en eussiez besoin aussi, vous et toute votre famille, pour vous témoigner l'envie que j'ai de vous servir.

GÉRONTE

Je vous suis obligé de ces sentiments.

SGANARELLE

Je vous assure que c'est du [73] meilleur de mon âme que je vous parle.

GÉRONTE

C'est trop d'honneur que vous me faites.

---

94   Voir *supra* à la n. 41, p. 278.

SGNARELLE
Comment s'appelle votre fille ?

GÉRONTE
Lucinde.

SGANARELLE
Lucinde[95] ! Ah ! beau nom à médicamenter ! Lucinde !

GÉRONTE
Je m'en vais voir un peu ce qu'elle fait.

SGANARELLE
Qui est cette grande femme-là ?

GÉRONTE   [G] [74]
C'est la nourrice d'un petit enfant que j'ai.

SGANARELLE
Peste ! le joli meuble que voilà ! Ah ! Nourrice ! charmante nourrice, ma médecine est la très humble esclave de
votre nourricerie[96] ; et je voudrais bien être le petit poupon
fortuné qui tétât le lait (*Il lui porte la main sur le sein.*) de
vos bonnes grâces. Tous mes remèdes, toute ma science,
toute ma capacité est à votre service, et…

LUCAS
Avec votte parmission, Monsieu le médecin, laissez [75]
là ma femme, je vous prie.

---

95   Selon une tradition, les acteurs qui tenaient le rôle de Sganarelle
     s'amusaient à décliner le nom de Lucinde (*Lucindus, Lucinda, Lucindum*).
96   La *nourricerie* est l'endroit réservé aux enfants en bas âge ; mais Sganarelle
     n'emploie pas en ce sens ce dérivé de *nourrice* et en fait un néologisme
     plaisant pour désigner la qualité, l'être même de la nourrice Jacqueline.

SGANARELLE

Quoi, est-elle votre femme ?

LUCAS

Oui.

SGANARELLE

(*Il fait semblant d'embrasser Lucas ;*
et se tournant du côté de la nourrice, il l'embrasse.)
Ah ! vraiment, je ne savais pas cela ; et je m'en réjouis
pour l'amour de l'un et de l'autre.

LUCAS, *en le tirant.*

Tout doucement, s'il vous plaît.

SGANARELLE

Je vous assure que je suis [G ij][76] ravi que vous soyez
unis ensemble. Je la félicite d'avoir (*Il fait encore semblant*
d'embrasser Lucas ; et passant dessous ses bras, se jette au col se sa
femme.) un mari comme vous ; et je vous félicite, vous, d'avoir
une femme si belle, si sage, et si bien faite, comme elle est.

LUCAS, *en le tirant encore.*

Eh ! testigué[97] ! point tant de compliment, je vous
supplie.

SGANARELLE

Ne voulez-vous pas que je me réjouisse avec vous d'un
si bel assemblage ?

---

97   Autre juron euphémistique pour « tête de Dieu » – il s'agit toujours
d'éviter le nom de Dieu.

LUCAS

Avec moi, tant qu'il vous plaira ; mais avec ma femme,
[77] trêve de sarimonie[98].

SGANARELLE

Je prends part, également, au bonheur de tous deux ;
et (*Il continue le même jeu.*) si je vous embrasse pour vous
en témoigner ma joie, je l'embrasse de même, pour lui en
témoigner aussi…

LUCAS, *en le tirant derechef.*

Ah ! vartigué[99] ! Monsieu le médecin, que de lantiponages[100] !

Scène 3   [78]

SGANARELLE, GÉRONTE, LUCAS, JACQUELINE

GÉRONTE

Monsieur, voici tout à l'heure[101] ma fille qu'on va vous
amener.

SGANARELLE

Je l'attends, Monsieur, avec toute la médecine.

GÉRONTE

Où est-elle[102] ?

---

98 Trêve de cérémonie.
99 Ce jurement paysan est la corruption de *vertu Dieu.*
100 *Lantiponage* : tracas, bavardage assommant.
101 Tout de suite.
102 La question que pose Géronte montre qu'il entend par *médecine* d'autres
     médecins qui accompagneraient Sganarelle dans sa consultation. Mais
     Sganarelle n'en a pas besoin : la science de tous ses confrères est dans sa
     tête !

SGANARELLE, *se touchant le front.*   [79]
Là-dedans.

GÉRONTE

Fort bien.

SGANARELLE,
en voulant toucher les tétons de la nourrice.
Mais, comme je m'intéresse à toute votre famille, il
faut que j'essaye un peu le lait de votre nourrice, et que je
visite son sein.

LUCAS,
le tirant, et lui faisant faire la pirouette.
Nanin, nanin[103], je n'avons que faire de ça.

SGANARELLE

C'est l'office du médecin de voir les tétons des nourrices.

LUCAS   [80]

Il gnia office qui quienne, je sis votte sarviteur[104].

SGANARELLE

As-tu bien la hardiesse de t'opposer au médecin ? Hors
de là.

LUCAS

Je me moque de ça.

---

103 Selon Richelet, *nenni* se prononçait *nani* ; on passe facilement à la déformation paysanne *nanin*.
104 Ici, la formule marque le refus.

SGANARELLE,
en le regardant de travers.
Je te donnerai la fièvre.

JACQUELINE, *prenant Lucas par le bras,*
et lui faisant aussi faire la pirouette.
Ôte-toi de là, aussi ; est-ce que je ne sis pas assez grande pour me défendre moi-même, s'il me fait quelque cho[81]se qui ne soit pas à faire ?

LUCAS
Je ne veux pas qu'il te tâte, moi.

SGANARELLE
Fi, le vilain, qui est jaloux de sa femme !

GÉRONTE
Voici ma fille.

Scène 4 [82]
LUCINDE, VALÈRE, GÉRONTE,
LUCAS, SGANARELLE, JACQUELINE

SGANARELLE
Est-ce là la malade ?

GÉRONTE
Oui, je n'ai qu'elle de fille ; et j'aurais tous les regrets du monde, si elle venait à mourir.

SGANARELLE

Qu'elle s'en garde bien ! il ne faut pas qu'elle meure sans [83] l'ordonnance du médecin[105].

GÉRONTE

Allons, un siège.

SGANARELLE

Voilà une malade qui n'est pas tant dégoûtante[106] ; et je tiens qu'un homme bien sain s'en accommoderait assez.

GÉRONTE

Vous l'avez fait rire, Monsieur.

SGANARELLE

Tant mieux : lorsque le médecin fait rire le malade, c'est le meilleur signe du monde. Eh bien ! de quoi est-il question ? qu'avez-vous ? quel est le mal que vous sentez ?

LUCINDE *répond par signes, en portant sa main à sa bouche, à sa tête, et sous son menton.* [84]

Han, hi, hom, han.

SGANARELLE

Eh ! que dites-vous ?

LUCINDE *continue les mêmes gestes.*

Han, hi, hom, han, han, hi, hom.

SGANARELLE

Quoi ?

---

105 Le trait satirique se trouve déjà et dans *Le Médecin volant*, scène 4, et dans *L'Amour médecin*, II, 2.
106 *Dégoûtant* : déplaisant.

LUCINDE

Han, hi, hom.

SGANARELLE, *la contrefaisant.*

Han, hi, hon, han, ha. Je ne vous entends point. Quel diable de langage est-ce-là ?

GÉRONTE   [85]

Monsieur, c'est là sa maladie. Elle est devenue muette, sans que jusques ici on en ait pu savoir la cause ; et c'est un accident qui a fait reculer son mariage.

SGANARELLE

Et pourquoi ?

GÉRONTE

Celui qu'elle doit épouser veut attendre sa guérison pour conclure les choses.

SGANARELLE

Et qui est ce sot-là, qui ne veut pas que sa femme soit muette ? Plût à Dieu que la mienne eût cette maladie ! je [H] [86] me garderais bien de la vouloir guérir.

GÉRONTE

Enfin, Monsieur, nous vous prions d'employer tous vos soins pour la soulager de son mal.

SGANARELLE

Ah ! ne vous mettez pas en peine. Dites-moi un peu, ce mal l'oppresse-t-il beaucoup ?

GÉRONTE

Oui, Monsieur.

SGANARELLE

Tant mieux. Sent-elle de grandes douleurs ?

GÉRONTE

Fort grandes.

SGANARELLE   [87]

C'est fort bien fait. Va-t-elle où vous savez ?

GÉRONTE

Oui.

SGANARELLE

Copieusement ?

GÉRONTE

Je n'entends rien à cela.

SGANARELLE

La matière est-elle louable[107] ?

GÉRONTE

Je ne me connais pas à ces choses.

SGANARELLE, *se tournant vers la malade.*

Donnez-moi votre bras. Voilà un pouls qui marque que
votre fille est muette.

GÉRONTE   [H ij] [88]

Eh ! oui, Monsieur, c'est là son mal ; vous l'avez trouvé
tout du premier coup.

---

107 « Un signe de santé, dit Furetière, c'est quand *les matières sont louables*, bien
    digérées ».

SGANARELLE

Ah ! ah !

JACQUELINE

Voyez comme il a deviné sa maladie.

SGANARELLE

Nous autres grands médecins, nous connaissons d'abord[108] les choses. Un ignorant aurait été embarrassé, et vous eût été dire : « C'est ceci, c'est cela. » ; mais moi, je touche au but du premier coup, et je vous apprends que votre fille est muette.

GÉRONTE   [89]

Oui, mais je voudrais bien que vous me pussiez dire d'où cela vient.

SGANARELLE

Il n'est rien plus aisé[109]. Cela vient de ce qu'elle a perdu la parole.

GÉRONTE

Fort bien ; mais la cause, s'il vous plaît, qui fait qu'elle a perdu la parole ?

SGANARELLE

Tous nos meilleurs auteurs vous diront que c'est l'empêchement de l'action de sa langue.

GÉRONTE

Mais, encore, vos senti[H iij] [90]ments sur cet empêchement de l'action de sa langue ?

---

108 Aussitôt.
109 Il n'est rien de plus aisé.

SGANARELLE

Aristote, là-dessus, dit… de fort belles choses[110].

GÉRONTE

Je le crois.

SGANARELLE

Ah! c'était un grand homme!

GÉRONTE

Sans doute[111].

SGANARELLE, *levant son bras depuis le coude.*

Grand homme tout à fait : un homme qui était plus grand que moi, de tout cela. Pour revenir, donc, à notre raisonnement, je tiens que cet [91] empêchement de l'action de sa langue est causé par de certaines humeurs qu'entre nous autres, savants, nous appelons humeurs peccantes, peccantes, c'est-à-dire…humeurs peccantes ; d'autant que les vapeurs formées par les exhalaisons des influences qui s'élèvent dans la région des maladies, venant[112]… pour ainsi dire… à… entendez-vous le latin ?

GÉRONTE

En aucune façon.

---

110 On rappelle toujours cette réplique du Sganarelle du *Médecin volant* : « Oui, ce grand médecin, au chapitre qu'il a fait de la nature des animaux, dit…cent belles choses » (scène 5).

111 Assurément.

112 Au service de son médecin, Sganarelle a pris une vague teinture de science médicale qu'il ressort ici, et où l'on reconnaît les principes de la médecine humorale du temps : la maladie vient d'une surabondance d'humeurs, qui peuvent pécher par quantité ou qualité ; il faut donc évacuer ces *humeurs peccantes*. Il a aussi entendu parler de ces *vapeurs* qui s'élèvent des parties basses jusqu'au cerveau.

SGANARELLE, *se levant avec étonnement.*
Vous n'entendez point le latin !

Non.

SGANARELLE,
en faisant diverses plaisantes postures.
Cabricias arci thuram, catalamus, singulariter nominativo
haec Musa, « *la muse* », *bonus, bona, bonum, Deus sanctus, estne*
oratio latinas ? Etiam, « oui ». *Quare,* « pourquoi ? », *Quia*
substantivo et adjectivum concordat in generi, numerum, et casus[113].

GÉRONTE
Ah ! que n'ai-je étudié !

JACQUELINE
L'habile homme que velà !

LUCAS
Oui, ça est si biau, que je [93] n'y entends goutte.

SGANARELLE
Or ces vapeurs, dont je vous parle, venant à passer du
côté gauche, où est le foie, au côté droit, où est le cœur, il se

---

113 Joli salmigondis de latin, avec des mots ou des phrases venus du *Rudiment*
(les cas, les déclinaisons, nature, genre et nombre des mots, mots traduits)
que Sganarelle dit avoir appris, de la fréquentation de son maître médecin
pendant six ans, et de latin entendu à l'église… sans compter ce qu'il
invente ! Traduction de ce qu'on peut traduire : […] : « au singulier,
au nominatif, cette Muse […], bon, bonne, bon, Dieu saint, est-ce un
discours en latin ? […] Parce que l'adjectif s'accorde avec le substantif en
genre, en nombre et en cas ». Une autre tradition d'acteur voulait que
sur le mot final *casus* (le cas / le derrière), l'acteur s'assoie brutalement
sur son siège.

trouve que le poumon, que nous appelons en latin *armyan*, ayant communication avec le cerveau, que nous nommons en grec *nasmus*, par le moyen de la veine cave, que nous appelons en hébreu *cubile*, rencontre, en son chemin, lesdites vapeurs qui remplissent les ventricules de l'omoplate ; et parce que lesdites vapeurs[114]... comprenez bien ce raisonnement, je vous prie ; et parce [94] que lesdites vapeurs ont une certaine malignité... Écoutez bien ceci, je vous conjure.

GÉRONTE

Oui.

SGANARELLE

Ont une certaine malignité qui est causée... Soyez attentif, s'il vous plaît.

GÉRONTE

Je le suis.

SGANARELLE

Qui est causée par l'âcreté des humeurs engendrées dans la concavité du diaphragme, il arrive que ces vapeurs... *Ossabandus, nequeys, nequer, potarinum, quipsa milus*. Voilà justement ce qui fait que vo[95]tre fille est muette.

JACQUELINE

Ah ! que ça est bian dit, notte homme !

LUCAS

Que n'ai-je la langue aussi bian pendue !

---

114 Les connaissances anatomiques de Sganarelle sont aussi approximatives et fantaisistes que ses connaissances en latin, grec et hébreu (cependant, *cubile* est bien un mot latin qui signifie « le lit »).

GÉRONTE

On ne peut pas mieux raisonner, sans doute. Il n'y a qu'une seule chose qui m'a choqué. C'est l'endroit du foie et du cœur. Il me semble que vous les placez autrement qu'ils ne sont. Que le cœur est du côté gauche, et le foie du côté droit.

SGANARELLE

Oui, cela était, autrefois, [96] ainsi ; mais nous avons changé tout cela, et nous faisons maintenant la médecine d'une méthode toute nouvelle.

GÉRONTE

C'est ce que je ne savais pas ; et je vous demande pardon de mon ignorance.

SGANARELLE

Il n'y a point de mal ; et vous n'êtes pas obligé d'être aussi habile[115] que nous.

GÉRONTE

Assurément. Mais, Monsieur, que croyez-vous qu'il faille faire à cette maladie ?

SGANARELLE

Ce que je crois qu'il faille faire ?

GÉRONTE   [97]

Oui.

SGANARELLE

Mon avis est qu'on la remette sur son lit, et qu'on lui fasse prendre pour remède quantité de pain trempé dans du vin.

---

115 *Habile* : compétent.

GÉRONTE

Pourquoi cela, Monsieur ?

SGANARELLE

Parce qu'il y a dans le vin et le pain, mêlés ensemble, une vertu sympathique[116], qui fait parler. Ne voyez-vous pas bien qu'on ne donne autre chose aux perroquets[117], et qu'ils apprennent à parler en mangeant de cela ?

GÉRONTE   [98]

Cela est vrai. Ah ! le grand homme ! Vite, quantité de pain et de vin !

SGANARELLE

Je reviendrai voir, sur le soir, en quel état elle sera. (À *la nourrice.*) Doucement, vous. Monsieur, voilà une nourrice à laquelle il faut que je fasse quelques petits remèdes.

JACQUELINE

Qui ? moi ? Je me porte le mieux du monde.

SGANARELLE

Tant pis, nourrice, tant pis. Cette grande santé est à craindre[118] ; et il ne sera pas mau[99]vais de vous faire

---

116 La *sympathie* est un rapport occulte d'un corps sur un autre ; mélangés, le vin et le pain sont mystérieusement efficaces pour faire parler un muet. Charlatanisme.

117 Les éditeurs de la nouvelle édition de la Pléiade (t. I, p. 1480, à la n. 22) signalent ici un jeu de mots à partir d'une expression courante relevé par le dictionnaire de l'Académie : « On appelle *de la soupe au perroquet* du pain qui est trempé dans du vin » ; et ce remède est attesté dans la médecine de l'époque.

118 Traditionnellement, la bonne santé passait pour le signe d'une maladie future. Même Montaigne se fait l'écho de cette croyance (*Essais*, II, 37).

quelque petite saignée amiable, de vous donner quelque petit clystère dulcifiant[119].

GÉRONTE

Mais, Monsieur, voilà une mode que je ne comprends point. Pourquoi s'aller faire saigner, quand on n'a point de maladie ?

SGANARELLE

Il n'importe, la mode en est salutaire ; et comme on boit pour la soif à venir, il faut se faire, aussi, saigner pour la maladie à venir.

JACQUELINE, *en se retirant.*

Ma fi ! je me moque de [I ij][100] ça, et je ne veux point faire de mon corps une boutique d'apothicaire.

SGANARELLE

Vous êtes rétive aux remèdes ; mais nous saurons vous soumettre à la raison. (*Parlant à Géronte.*) Je vous donne le bonjour.

GÉRONTE

Attendez un peu, s'il vous plaît.

SGANARELLE

Que voulez-vous faire ?

GÉRONTE

Vous donner de l'argent, Monsieur.

---

119 Saignée *amiable* (qui fait du bien) et lavement adoucissant sont la thérapie traditionnelle !

SGANARELLE, *tendant sa main derrière*
par-dessous sa robe, tandis que
Géronte ouvre sa bourse.   [101]

Je n'en prendrai pas, Monsieur.

GÉRONTE

Monsieur …

SGANARELLE

Point du tout.

GÉRONTE

Un petit moment.

SGANARELLE

En aucune façon.

GÉRONTE

De grâce !

SGANARELLE

Vous vous moquez.

GÉRONTE

Voilà qui est fait.

SGANARELLE   [I iij] [102]

Je n'en ferai rien.

GÉRONTE

Eh !

SGANARELLE

Ce n'est pas l'argent qui me fait agir.

GÉRONTE

Je le crois.

SGANARELLE, *après avoir pris l'argent.*

Cela est-il de poids ?

GÉRONTE

Oui, Monsieur.

SGANARELLE

Je ne suis pas un médecin mercenaire[120].

GÉRONTE

Je le sais bien.

SGANARELLE   [103]

L'intérêt ne me gouverne point.

GÉRONTE

Je n'ai pas cette pensée.

Scène 5

SGANARELLE, LÉANDRE

SGANARELLE, *regardant son argent.*

Ma foi, cela ne va pas mal, et pourvu que…

LÉANDRE

Monsieur, il y a longtemps que je vous attends ; et je viens implorer votre assistance.

---

120 Ce médecin qui se proclame désintéressé (comme le Sganarelle du *Médecin volant*, scène 8) et dit refuser l'argent, tend cependant la main et veut s'assurer de sa qualité, de son poids et de son aloi !

SGANARELLE, *lui prenant le poignet.*   [I iiij] [104]
Voilà un pouls qui est fort mauvais.

LÉANDRE

Je ne suis point malade, Monsieur ; et ce n'est pas pour cela que je viens à vous.

SGANARELLE

Si vous n'êtes pas malade, que diable ne le dites-vous donc !

LÉANDRE

Non. Pour vous dire la chose en deux mots, je m'appelle Léandre, qui suis amoureux de Lucinde, que vous venez de visiter ; et comme, par la mauvaise humeur[121] de son père, tou-[105]te sorte d'accès m'est fermé auprès d'elle, je me hasarde à vous prier de vouloir servir mon amour, et de me donner lieu d'exécuter un stratagème que j'ai trouvé, pour lui pouvoir dire deux mots, d'où dépendent, absolument, mon bonheur et ma vie.

SGANARELLE, *paraissant en colère.*

Pour qui me prenez-vous ? Comment oser vous adresser à moi, pour vous servir dans votre amour, et vouloir ravaler la dignité de médecin à des emplois de cette nature[122] ?

LÉANDRE

Monsieur, ne faites point de bruit.

---

121 C'est le mauvais caractère, le mauvais tempérament, résultat du mauvais
     équilibre des humeurs.
122 À un rôle d'entremetteur.

SGANARELLE, *en le faisant reculer.*   [106]

J'en veux faire, moi ; vous êtes un impertinent[123].

LÉANDRE

Eh ! Monsieur, doucement.

SGANARELLE

Un malavisé.

LÉANDRE

De grâce !

SGANARELLE

Je vous apprendrai que je ne suis point homme à cela, et que c'est une insolence extrême...

LÉANDRE,
tirant une bourse qu'il lui donne.

Monsieur...

SGANARELLE, *tenant la bourse.*   [107]

De vouloir m'employer... Je ne parle pas pour vous, car vous êtes honnête homme ; et je serais ravi de vous rendre service. Mais il y a de certains impertinents au monde, qui viennent prendre les gens pour ce qu'ils ne sont pas ; et je vous avoue que cela me met en colère.

LÉANDRE

Je vous demande pardon, Monsieur, de la liberté que...

SGANARELLE

Vous vous moquez. De quoi est-il question ?

---

123 *L'impertinent* agit de travers, mal à propos.

LÉANDRE   [108]

Vous saurez donc, Monsieur, que cette maladie que vous voulez guérir est une feinte maladie. Les médecins ont raisonné là-dessus, comme il faut ; et ils n'ont pas manqué de dire que cela procédait, qui du cerveau, qui des entrailles, qui de la rate, qui du foie. Mais il est certain que l'amour en est la véritable cause, et que Lucinde n'a trouvé cette maladie, que pour se délivrer d'un mariage dont elle était importunée. Mais, de crainte qu'on nous voie ensemble, retirons-nous d'ici ; et je vous [109] dirai en marchant ce que je souhaite de vous.

SGANARELLE

Allons, Monsieur, vous m'avez donné pour votre amour une tendresse qui n'est pas concevable ; et j'y perdrai toute ma médecine, ou la malade crèvera[124], ou bien elle sera à vous.

Fin du second acte.

ACTE III   [K][110]

Scène 1

SGANARELLE, LÉANDRE

LÉANDRE

Il me semble que je ne suis pas mal ainsi, pour un apothicaire ; et comme le père ne m'a guère vu, ce changement d'habit, et de perruque, est assez capable, je crois, de me déguiser à ses yeux.

---

124 *Crever,* pour *mourir* est familier, mais sans trivialité, disent les dictionnaires.

SGANARELLE

Sans doute[125].

LÉANDRE   [111]

Tout ce que je souhaiterais serait de savoir cinq ou six grands mots de médecine, pour parer mon discours, et me donner l'air d'habile[126] homme.

SGANARELLE

Allez, allez, tout cela n'est pas nécessaire. Il suffit de l'habit ; et je n'en sais pas plus que vous.

LÉANDRE

Comment ?

SGANARELLE

Diable emporte si j'entends rien en médecine[127] ! Vous êtes honnête homme, et je veux bien me confier à vous, com[K ij][112]me vous vous confiez à moi.

LÉANDRE

Quoi ? vous n'êtes pas effectivement...

SGANARELLE

Non, vous dis-je, ils m'ont fait médecin malgré mes dents[128]. Je ne m'étais jamais mêlé d'être si savant que cela ; et toutes mes études n'ont été que jusqu'en sixième[129]. Je ne sais point sur quoi cette imagination leur est venue ;

---

125 Assurément.
126 Compétent, savant.
127 Le diable m'emporte si je comprends quoi que ce soit à la médecine !
128 Malgré moi (« *malgré ses dents*, quelque empêchement qu'il y puisse apporter », dit Furetière).
129 La sixième était déjà la première classe des collèges. Décidément, notre fagotier a fait quelques (toutes) petites études.

mais quand j'ai vu qu'à toute force ils voulaient que je fusse médecin, je me suis résolu de l'être, aux dépens de qui il appartiendra[130]. Cependant, vous ne sauriez croire [113] comment l'erreur s'est répandue, et de quelle façon chacun est endiablé à me croire habile homme. On me vient chercher de tous les côtés ; et si les choses vont toujours de même, je suis d'avis de m'en tenir, toute ma vie, à la médecine. Je trouve que c'est le métier le meilleur de tous ; car, soit qu'on fasse bien, ou soit qu'on fasse mal, on est toujours payé de même sorte. La méchante[131] besogne ne retombe jamais sur notre dos ; et nous taillons, comme il nous plaît, sur l'étoffe où nous travaillons[132]. Un cordonnier, en faisant ses souliers, ne sau[K iij][114]rait gâter un morceau de cuir, qu'il n'en paye les pots cassés ; mais ici, l'on peut gâter un homme, sans qu'il en coûte rien. Les bévues ne sont point pour nous ; et c'est toujours la faute de celui qui meurt. Enfin le bon de cette profession est qu'il y a, parmi les morts, une honnêteté[133], une discrétion la plus grande du monde ; et jamais on n'en voit se plaindre du médecin qui l'a tué[134].

LÉANDRE

Il est vrai que les morts sont fort honnêtes gens sur cette matière.

---

130 Aux dépens de ceux qui croiront en ma médecine.

131 Mauvaise, mal faite.

132 Nous pouvons faire des erreurs sans risque – à la différence d'un tailleur que ne doit pas faire d'erreur sur l'étoffe qu'il travaille, ou d'un cordonnier sur le cuir qu'il travaille.

133 *Honnêteté* : politesse.

134 La médecine est un art « qui peut impunément tuer des gens », lit-on déjà chez Montaigne, qui rapporte un propos de Nicoclès, dans le même chapitre 37 (« De la ressemblance des enfants aux pères ») du livre II de ses *Essais* (éd. de la Pléiade, 2007, p. 808).

SGANARELLE,
voyant des hommes qui viennent vers lui.   [115]
Voilà des gens qui ont la mine de me venir consulter.
Allez toujours m'attendre auprès du logis de votre maîtresse.

Scène 2
THIBAUT, PERRIN, SGANARELLE

THIBAUT
Monsieu, je venons vous charcher, mon fils Perrin et moi.

SGANARELLE
Qu'y a-t-il ?

THIBAUT   [K iiij][116]
Sa pauvre mère, qui a nom Parette, est dans un lit,
malade, il y a six mois.

SGANARELLE, *tendant la main,*
comme pour recevoir de l'argent.
Que voulez-vous que j'y fasse ?

THIBAUT
Je voudrions, Monsieu, que vous nous baillissiez[135]
quelque petite drôlerie pour la garir.

SGANARELLE
Il faut voir de quoi est-ce qu'elle est malade.

THIBAUT
Alle est malade d'hypocrisie, Monsieu.

---

135 *Baillissiez* : donnassiez.

SGANARELLE

D'hypocrisie ?

THIBAUT   [117]

Oui, c'est-à-dire qu'alle est enflée par tout ; et l'an dit que
c'est quantité de sériosités qu'alle a dans le corps, et que son
foie, son ventre, ou sa rate, comme vous voudrais l'appeler,
au glieu de faire du sang, ne fait plus que de l'iau. Alle a, de
deux jours l'un, la fièvre quotiguenne, avec des lassitules et
des douleurs dans les mufles des jambes. On entend dans sa
gorge des fleumes qui sont tout prêts à l'étouffer ; et, parfois,
il lui prend des syncoles et des conversions, que je crayons
qu'alle est passée[136]. J'avons dans notte vil[118]lage un apothicaire[137], révérence parler, qui li a donné je ne sais combien
d'histoires ; et il m'en coûte plus d'eune douzaine de bons
écus, en lavements, ne v's en déplaise, en apostumes, qu'on
li a fait prendre, en infections de jacinthe, et en portions
cordales. Mais tout ça, comme dit l'autre, n'a été que de
l'onguent miton mitaine[138]. Il velait li bailler d'eune certaine
drogue que l'on appelle du vin amétile ; mais j'ai-s-eu peur,
franchement, que ça l'envoyît à *patres*[139] ; et l'an dit que ces

---

136 Thibaut, qui, à l'égal de Lucas et de Jacqueline, use du langage paysan
     stéréotypé, écorche horriblement des termes médicaux ou anatomiques :
     hydropisie (*hypocrisie*) ; sérosité, qui est une humeur âcre et bilieuse mêlée
     dans le sang et dans les autres humeurs, selon le dictionnaire de l'Académie
     (*sériosité*) ; lassitudes (*lassitules*) ; muscles (*mufles*) ; flegmes, qui sont de gros
     crachats épais (*fleumes*) ; syncopes (*syncoles*) ; convulsions (*conversions*). Et la
     fièvre est quotidienne (*quotiguenne*), mais vient seulement un jour sur deux !
137 Même chose pour les remèdes de l'apothicaire (toutes ces *histoires*) :
     apozème ou décoction (*apostume*, qui est en réalité une enflure extérieure
     avec putréfaction) ; infusions de jacinthe (*infections de jacinthe*, médica-
     ment composé « de saphirs, hyacinthes, émeraudes, topazes, de perles,
     coraux, feuilles d'or et autres simples et racines », selon Furetière) ; potion
     cordiale, qui fortifie le cœur (*portion cordiale*) ; vin émétique (*vin amétile*).
138 Un onguent qui ne fait ni bien ni mal, sans efficacité (*miton mitaine*).
139 *Ad patres* : auprès de ses pères morts, à la mort.

gros médecins tuont je ne sai combien de mon[119]de, avec cette invention-là.

SGANARELLE, *tendant toujours la main, et la branlant,*
comme pour signe qu'il demande de l'argent.
Venons au fait, mon ami, venons au fait.

THIBAUT
Le fait est, Monsieu, que je venons vous prier de nous dire ce qu'il faut que je fassions.

SGANARELLE
Je ne vous entends point du tout.

PERRIN
Monsieu, ma mère est malade, et velà deux écus que je vous apportons, pour nous bailler queuque remède.

SGANARELLE   [120]
Ah ! je vous entends, vous. Voilà un garçon qui parle clairement, qui s'explique comme il faut. Vous dites que votre mère est malade d'hydropisie, qu'elle est enflée par tout le corps, qu'elle a la fièvre, avec des douleurs dans les jambes : et qu'il lui prend, parfois, des syncopes, et des convulsions, c'est-à-dire des évanouissements.

PERRIN
Eh ! oui, Monsieu, c'est justement ça.

SGANARELLE
J'ai compris d'abord[140] vos paroles. Vous avez un père qui [121] ne sait ce qu'il dit. Maintenant, vous me demandez un remède ?

---

140 Aussitôt.

PERRIN

Oui, Monsieu.

SGANARELLE

Un remède pour la guérir ?

PERRIN

C'est comme je l'entendons.

SGANARELLE

Tenez, voilà un morceau de formage[141] qu'il faut que vous lui fassiez prendre.

PERRIN

Du fromage, Monsieur ?

SGANARELLE

Oui, c'est un formage préparé, où il entre de l'or, du coral[142], et des perles, et quan[L][122]tité d'autres choses précieuses.

PERRIN

Monsieur, je vous sommes bien obligés ; et j'allons li faire prendre ça tout à l'heure.

SGANARELLE

Allez. Si elle meurt, ne manquez pas de la faire enterrer du mieux que vous pourrez.

---

141 C'est la forme ancienne, encore provinciale, de *fromage*. Sganarelle semble
      y tenir (pour mettre peut-être en valeur ce très banal et plaisant remède ?),
      car le paysan PERRIN, lui, emploie bien la forme moderne.
142 Du corail.

Scène 3   [123]
JACQUELINE, SGANARELLE, LUCAS

SGANARELLE

Voici la belle nourrice. Ah ! Nourrice de mon cœur, je suis ravi de cette rencontre, et votre vue est la rhubarbe, la casse et le séné[143] qui purgent toute la mélancolie de mon âme.

JACQUELINE

Par ma figué ! Monsieu le médecin, ça est trop bian dit pour moi, et je n'entends rien [L ij] [124] à tout votte latin.

SGANARELLE

Devenez malade, nourrice, je vous prie, devenez malade pour l'amour de moi. J'aurais toutes les joies du monde de vous guérir.

JACQUELINE

Je sis votte sarvante[144], j'aime bian mieux qu'an ne me guérisse pas.

SGANARELLE

Que je vous plains, belle nourrice, d'avoir un mari jaloux et fâcheux, comme celui que vous avez !

JACQUELINE

Que velez-vous, Monsieu ? c'est pour la pénitence de mes [125] fautes ; et là où la chèvre est liée, il faut bian qu'alle y broute.

---

143 Trois purgatifs, en effet.
144 Il n'en est pas question.

SGANARELLE

Comment ? un rustre comme cela ! Un homme qui vous observe toujours, et ne veut pas que personne vous parle !

JACQUELINE

Hélas ! vous n'avez rien vu encore ; et ce n'est qu'un petit échantillon de sa mauvaise humeur.

SGANARELLE

Est-il possible ? et qu'un homme ait l'âme assez basse, pour maltraiter une personne comme vous ? Ah ! que j'en sais, belle nourrice, et qui ne sont [L iij] [126] pas loin d'ici, qui se tiendraient heureux de baiser seulement les petits bouts de vos petons. Pourquoi faut-il qu'une personne si bien faite soit tombée en de telles mains, et qu'un franc animal, un brutal[145], un stupide, un sot… ? Pardonnez-moi, nourrice, si je parle ainsi de votre mari.

JACQUELINE

Eh ! Monsieur, je sai bien qu'il mérite tous ces noms-là

SGANARELLE

Oui, sans doute, nourrice, il les mérite ; et il mériterait encore que vous lui missiez quelque chose sur la tête, pour le punir des soupçons [127] qu'il a.

JACQUELINE

Il est bien vrai que si ne n'avais, devant les yeux, que son intérêt[146], il pourrait m'obliger à queuque étrange chose.

---

145 *Brutal* : qui tient de la brute, bestial.
146 Si je ne me préoccupais que de ce qui le concerne, de l'insupportable jalousie qui est la sienne – et non pas : si je me préoccupais d'agir à son profit, à son avantage. Faire son mari cocu ne serait pas agir à son avantage !

SGANARELLE

Ma foi! vous ne feriez pas mal de vous venger de lui avec quelqu'un. C'est un homme, je vous le dis, qui mérite bien cela; et si j'étais assez heureux, belle nourrice, pour être choisi pour…

(En cet endroit, tous deux apercevant Lucas qui était derrière eux, et entendait leur dialogue, chacun se retire de son côté, mais le médecin d'une manière fort plaisante[147]*.)*

Scène 4   [L iiij] [128]
GÉRONTE, LUCAS

GÉRONTE

Holà! Lucas, n'as-tu point vu ici notre médecin?

LUCAS

Et oui, de par tous les diantres[148], je l'ai vu, et ma femme aussi.

GÉRONTE

Où est-ce, donc, qu'il peut être?

LUCAS

Je ne sais; mais je voudrais [129] qu'il fût à tous les guèbles[149].

GÉRONTE

Va-t'en voir un peu ce que fait ma fille.

---

147   1734 donne ce jeu de scène plus précis : « *Dans le temps que Sganarelle tend les bras pour embrasser Jacqueline, Lucas passe sa tête par-dessous, et se met entre eux deux. Sganarelle et Jacqueline regardent Lucas, et sortent chacun de leur côté* ».
148   Forme euphémique de *diables*.
149   Diables.

Scène 5

SGANARELLE, LÉANDRE, GÉRONTE

GÉRONTE

Ah! Monsieur, je demandais où vous étiez.

SGANARELLE

Je m'étais amusé dans votre cour à expulser le superflu de la boisson[150]. Comment se porte la malade?

GÉRONTE

Un peu plus mal, depuis [130] votre remède.

SGANARELLE

Tant mieux. C'est signe qu'il opère.

GÉRONTE

Oui, mais en opérant, je crains qu'il ne l'étouffe.

SGANARELLE

Ne vous mettez pas en peine : j'ai des remèdes qui se moquent de tout, et je l'attends à l'agonie.

GÉRONTE

Qui est cet homme-là que vous amenez?

SGANARELLE, *faisant des signes*[151]
avec la main que c'est un apothicaire.

C'est...

---

150 Je m'étais attardé à pisser dans votre cour.

151 Rien de mieux, comme signe de reconnaissance d'un apothicaire, que le geste d'actionner un clystère pour administrer un lavement! Et le jeu se poursuit possiblement en allusion grivoise quand Sganarelle déclare, quelques répliques plus loin, que LUCINDE aura besoin d'un clystère administré par le faux apothicaire, c'est-à-dire son amoureux, bientôt mari, Léandre.

GÉRONTE [131]

Quoi ?

SGANARELLE

Celui…

GÉRONTE

Eh ?

SGANARELLE

Qui…

GÉRONTE

Je vous entends.

SGANARELLE

Votre fille en aura besoin.

Scène 6 [132]
JACQUELINE, LUCINDE, GÉRONTE,
LÉANDRE, SGANARELLE

JACQUELINE

Monsieu, velà votre fille qui veut un peu marcher.

SGANARELLE

Cela lui fera du bien. Allez-vous-en[152], Monsieur l'apothicaire, tâter un peu son pouls, afin que je raisonne tan[133]tôt[153], avec vous, de sa maladie.

(*En cet endroit, il tire Géronte à un bout du théâtre,
et lui passant un bras sur les épaules, lui rabat la main*

---

152 Sganarelle s'adresse alors évidemment à Léandre déguisé en apothicaire.
153 *Tantôt* : bientôt, prochainement.

sous le menton, avec laquelle il le fait retourner
vers lui, lorsqu'il veut regarder ce que sa fille
et l'apothicaire font ensemble, lui tenant, cependant,
le discours suivant, pour l'amuser[154].)

Monsieur, c'est une grande et subtile question entre les doctes, de savoir si les femmes sont plus faciles à guérir que les hommes. Je vous prie d'écouter ceci, s'il vous plaît. Les uns disent que non, les autres disent que oui ; et moi je dis que oui, et non. D'autant que l'incongruité des humeurs opaques, qui se rencontrent au tempérament naturel des femmes, étant cause que la partie brutale veut [M][134] toujours prendre empire sur la sensitive, on voit que l'inégalité de leurs opinions[155] dépend du mouvement oblique du cercle de la lune ; et comme le soleil, qui darde ses rayons sur la concavité de la terre, trouve[156]…

LUCINDE

Non, je ne suis point du tout capable de changer de sentiments.

GÉRONTE

Voilà ma fille qui parle. Oh ! grande vertu du remède ! Oh ! admirable médecin ! Que je vous suis obligé, Monsieur, de cette guérison merveilleuse ! et que puis-faire pour vous, [135] après un tel service ?

---

154 Pour l'occuper pendant que les amoureux se parlent.

155 Inconstance de leurs opinions.

156 Dans ce fatras fantaisiste qui doit occuper Géronte, un peu de médecine des humeurs et un peu d'astrologie ; mais Sganarelle a bien besoin d'être interrompu ! Partie *brutale* (animale) et partie *sensitive* (principe de la sensibilité, des sensations) renvoient aux distinctions scolastiques sur la nature de l'âme.

SGANARELLE,
se promenant sur le théâtre et s'essuyant le front.
Voilà une maladie, qui m'a bien donné de la peine !

LUCINDE

Oui, mon père, j'ai recouvré la parole ; mais je l'ai recou-
vrée pour vous dire que je n'aurai jamais d'autre époux
que Léandre, et que c'est inutilement que vous voulez me
donner Horace.

GÉRONTE

Mais...

LUCINDE

Rien n'est capable d'ébranler la résolution que j'ai prise.

GÉRONTE   [M ij] [136]

Quoi... ?

LUCINDE

Vous m'opposerez en vain de belles raisons.

GÉRONTE

Si...

LUCINDE

Tous vos discours ne serviront de rien.

GÉRONTE

Je...

LUCINDE

C'est une chose où je suis déterminée.

GÉRONTE

Mais…

LUCINDE

Il n'est puissance paternel[137]le qui me puisse obliger à me marier malgré moi.

GÉRONTE

J'ai…

LUCINDE

Vous avez beau faire tous vos efforts.

GÉRONTE

Il…

LUCINDE

Mon cœur ne saurait se soumettre à cette tyrannie.

GÉRONTE

Là…

LUCINDE

Et je me jetterai plutôt dans un convent[157], que d'épouser un homme que je n'aime point.

GÉRONTE   [M iij] [138]

Mais…

LUCINDE,
parlant d'un ton de voix à étourdir.

Non. En aucune façon. Point d'affaire. Vous perdez le temps. Je n'en ferai rien. Cela est résolu.

---

157 Couvent.

GÉRONTE

Ah ! quelle impétuosité de paroles ! Il n'y a pas moyen d'y résister. Monsieur, je vous prie de la faire redevenir muette.

SGANARELLE

C'est une chose qui m'est impossible[158]. Tout ce que je puis faire pour votre service, est de vous rendre sourd, si vous [139] voulez.

GÉRONTE

Je vous remercie. Penses-tu donc… ?

LUCINDE

Non, toutes vos raisons ne gagneront rien sur mon âme.

GÉRONTE

Tu épouseras Horace, dès ce soir.

LUCINDE

J'épouserai plutôt la mort.

SGANARELLE

Mon Dieu ! arrêtez-vous, laissez-moi médicamenter cette affaire. C'est une maladie qui la tient, et je sais le remède qu'il y faut apporter

GÉRONTE   [M iiij] [140]

Serait-il possible, Monsieur, que vous pussiez, aussi, guérir cette maladie d'esprit ?

---

158 On pense inévitablement à la *Farce de la femme mute* [muette] qu'évoque Rabelais (*Tiers Livre*, 34), où le mari, qui a fait guérir sa femme muette, se repent vite devant le flot de paroles d'icelle, et voudrait que le médecin la remît dans son état premier.

SGANARELLE

Oui, laissez-moi faire, j'ai des remèdes pour tout ; et notre apothicaire nous servira pour cette cure. (*Il appelle l'apothicaire et lui parle.*) Un mot. Vous voyez que l'ardeur qu'elle a pour ce Léandre est tout à fait contraire aux volontés du père, qu'il n'y a point de temps à perdre, que les humeurs sont fort aigries, et qu'il est nécessaire de trouver promptement un remède à ce mal, qui pourrait empirer par le re[141]tardement. Pour moi je ne n'y en vois qu'un seul, qui est une prise de fuite purgative, que vous mêlerez comme il faut avec deux drachmes[159] de matrimonium en pilules[160]. Peut-être fera-t-elle quelque difficulté à prendre ce remède ; mais comme vous êtes habile homme dans votre métier, c'est à vous de l'y résoudre, et de lui faire avaler la chose du mieux que vous pourrez. Allez-vous-en lui faire faire un petit tour de jardin, afin de préparer les humeurs, tandis que j'entretiendrai ici son père ; mais surtout, ne perdrez point de [142] temps. Au remède, vite, au remède spécifique !

Scène 7

GÉRONTE, SGANARELLE

GÉRONTE

Quelles drogues, Monsieur, sont celles que vous venez de dire ? Il me semble que je ne les ai jamais ouï nommer.

---

159 *Drachme* : ici, unité de masse, huitième partie de l'once (égale à un gros, soit environ 3,8 g), alors utilisée par les apothicaires.

160 Joli déguisement, par la métaphore d'une ordonnance médicale, du conseil donné à Léandre de fuir rapidement avec Lucinde (*prise de fuite purgative*), de l'enlever en somme, et de l'épouser (du *matrimonium* en pilules) – et de l'épouser clandestinement, puisque qu'il n'a pas l'accord de son père.

SGANARELLE

Ce sont drogues dont on se sert dans les nécessités urgentes.

GÉRONTE

Avez-vous jamais vu une [143] insolence pareille à la sienne ?

SGANARELLE

Les filles sont quelquefois un peu têtues.

GÉRONTE

Vous ne sauriez croire comme elle est affolée de ce Léandre.

SGANARELLE

La chaleur du sang fait cela dans les jeunes esprits.

GÉRONTE

Pour moi, dès que j'ai eu découvert la violence de cet amour, j'ai su tenir toujours ma fille renfermée.

SGANARELLE

Vous avez fait sagement.

GÉRONTE   [144]

Et j'ai bien empêché qu'ils n'aient eu communication ensemble.

SGANARELLE

Fort bien.

GÉRONTE

Il serait arrivé quelque folie, si j'avais souffert qu'ils se fussent vus.

SGANARELLE

Sans doute.

GÉRONTE

Et je crois qu'elle aurait été fille à s'en aller avec lui.

SGANARELLE

C'est prudemment raisonné.

GÉRONTE

On m'avertit qu'il fait tous [145] ses efforts pour lui parler.

SGANARELLE

Quel drôle !

GÉRONTE

Mais il perdra son temps.

SGANARELLE

Ah ! ah !

GÉRONTE

Et j'empêcherai bien qu'il ne la voie.

SGANARELLE

Il n'a pas affaire à un sot, et vous savez des rubriques qu'il ne sait pas[161]. Plus fin que vous n'est pas bête.

---

161 *Un homme qui entend la rubrique* est un homme intelligent dans les affaires et qui sait les conduire, selon Furetière.

Scène 8   [N][146]
LUCAS, GÉRONTE, SGANARELLE

LUCAS

Ah! palsanguenne[162]! Monsieu, vaici bian du tintamarre :
votte fille s'en est enfuie avec son Liandre. C'était lui qui
était l'apothicaire ; et velà Monsieu le médecin qui a fait
cette belle opération-là.

GÉRONTE

Comment ? m'assassiner de la façon ! Allons, un
commissaire ! et qu'on empêche qu'il ne sorte. Ah ! traître !
je vous ferai punir par la justice.

LUCAS

Ah ! par ma fi, Monsieu le médecin, vous serez pendu,
ne bougez de là seulement.

Scène 9   [147]
MARTINE, SGANARELLE, LUCAS

MARTINE

Ah ! mon Dieu ! que j'ai eu de peine à trouver ce logis !
Dites-moi un peu des nouvelles du médecin que je vous
ai donné.

LUCAS

Le velà, qui va être pendu.

MARTINE

Quoi ? mon mari pendu ! hélas ! et qu'a-t-il fait pour cela ?

---

162 Voir *supra*, la note 70, p. 291.

LUCAS

Il a fait enlever la fille de notte maître.

MARTINE

Hélas ! mon cher mari, est-il [N ij][148] bien vrai qu'on te va pendre ?

SGANARELLE

Tu vois. Ah !

MARTINE

Faut-il que tu te laisses mourir en présence de tant de gens ?

SGANARELLE

Que veux-tu que j'y fasse ?

MARTINE

Encore, si tu avais achevé de couper notre bois, je prendrais quelque consolation.

SGANARELLE

Retire-toi de là, tu me fends le cœur.

MARTINE

Non, je veux demeurer pour t'encourager à la mort ; et je ne te quitterai point que[163] je ne t'aie vu pendu.

SGANARELLE

Ah !

---

163 *Que* : avant que.

Scène 10   [149]
GÉRONTE, SGANARELLE, MARTINE, LUCAS

GÉRONTE

Le commissaire viendra bientôt, et l'on s'en va vous
mettre en lieu où l'on me répondra de vous.

SGANARELLE,
le chapeau à la main.

Hélas ! cela ne se peut-il point changer en quelques
coups de bâton ?

GÉRONTE

Non, non, la justice en ordonnera… Mais que vois-je ?

Scène 11 ET DERNIÈRE   [N iij] [150]
LÉANDRE, LUCINDE, JACQUELINE, LUCAS,
GÉRONTE, SGANARELLE, MARTINE

LÉANDRE

Monsieur, je viens faire paraître Léandre à vos yeux, et
remettre Lucinde en votre pouvoir. Nous avons eu dessein
de prendre la fuite nous deux, et de nous aller marier
ensemble ; mais cette entreprise a fait place à un procédé
plus honnête. Je ne prétends point vous voler votre fille, et
ce n'est que de votre main que je veux la recevoir. Ce que
je vous dirai, Monsieur, c'est que je viens tout à l'heu[151]
re de recevoir des lettres, par où j'apprends que mon oncle
est mort, et que je suis héritier de tous ses biens.

GÉRONTE

Monsieur, votre vertu m'est tout à fait considérable, et
je vous donne ma fille, avec la plus grande joie du monde.

SGANARELLE

La médecine l'a échappé belle.

MARTINE

Puisque tu ne seras point pendu, rends-moi grâce d'être
médecin ; car c'est moi qui t'ai procuré cet honneur.

SGANARELLE

Oui, c'est toi qui m'as procuré je ne sais combien de
coups de bâton.

LÉANDRE

L'effet[164] en est trop beau, pour en garder du ressentiment.

SGANARELLE   [152]

Soit, je te pardonne ces coups de bâton, en faveur de la
dignité ou tu m'as élevé ; mais prépare-toi désormais à vivre
dans un grand respect avec un homme de ma conséquence[165],
et songe que la colère d'un médecin est plus à craindre
qu'on ne peut croire.

F I N

---

164 L'efficacité, la conséquence.
165 *Un homme de conséquence* est un homme d'importance, de qui l'on doit
     tenir compte.

BALLET DES MUSES

MÉLICERTE,
PASTORALE COMIQUE,
LE SICILIEN

INTRODUCTION

Pendant l'été et l'automne 1666, Molière et sa troupe exploitèrent le succès du *Misanthrope* (créé le 4 juin) et du *Médecin malgré lui* (créé le 6 août). Mais il leur fallut quitter leur théâtre parisien au tout début de décembre, pour le service de Sa Majesté : « Le mercredi 1º décembre nous sommes partis pour Saint-Germain-en-Laye par ordre du roi », note La Grange dans son Registre. De fait, dès le lendemain 2 décembre commençaient les représentations d'un grand ballet, *Le Ballet des Muses*.

LE DESSEIN

Il s'agit encore d'une de ces grandes fêtes royales voulues par le roi, commandées par lui aux artistes, et qui avaient pour centre la personne du monarque glorifié. On y dansa – le roi et les grands du royaume se mêlant aux danseurs professionnels, aux musiciens et aux chanteurs – un ballet de cour qui fut redonné plus de dix fois entre le 2 décembre 1666 et le 19 février 1667, soit entre l'Avent et le Carême. La conception du *Ballet des Muses* est attribuée à Benserade, auteur également des vers d'application, truffés de jeux d'allusions à la personne des danseurs chargés des

différents rôles. La musique était évidemment due à Lully.
Voici l'argument du ballet, sur le thème des Muses :

> Les Muses, charmées de la glorieuse réputation de notre
> monarque, et du soin que Sa Majesté prend de faire fleurir
> les arts dans l'étendue de son empire, quittent le Parnasse
> pour venir à la cour.

Mnémosyne elle-même, la Mémoire, la mère des Muses,
qui ne trouve rien d'égal « à cet auguste prince » dans
l'Antiquité, se déplace pour voir ce monarque ! Et la mère
et les filles vont chanter à l'envi « le plus sage et le plus
grand des princes », qui fait assembler en ses provinces « la
gloire, les vertus, l'abondance et les arts ». Mnémosyne :

> Vivant sous sa conduite,
> Muses, dans vos concerts,
> Chantez ce qu'il a fait, chantez ce qu'il médite,
> Et portez-en le bruit au bout de l'univers.
> Dans ce récit charmant faites sans cesse entendre
> À l'empire français ce qu'il doit espérer,
> Au monde entier ce qu'il doit admirer
> Aux rois ce qu'ils doivent apprendre.

Et les Muses de reprendre en chœur la louange royale :

> Rien n'est si doux que de vivre
> À la cour de LOUIS, le modèle des rois[1].

---

1   Dialogue de Mnémosyne et des Muses, qui précède la première entrée.

LA STRUCTURE

Le dessein du ballet entraîna sa structure : chaque entrée doit honorer une des Muses. Tour à tour, les entrées sont dédiées à Uranie, à Melpomène, à Thalie, à Euterpe, à Clio, à Calliope – et son fils Orphée a droit à la septième entrée –, à Érato, à Polymnie et à Terpsichore ; à ces dix entrées s'en ajoutent trois, du moins dans la version initiale du ballet, consacrées à la dispute entre les neuf Muses et les neuf Piérides, les filles de Piérus qui voulaient rivaliser avec les Muses ; la querelle est finalement tranchée par Jupiter, qui punit les obstinées et insolentes Piérides en les changeant en oiseaux.

Souvent repris, le ballet connut changements et ajouts, qui concernent beaucoup la participation de Molière au *Ballet des Muses*, comme nous allons le voir. Ces changements touchèrent la troisième entrée, consacrée à Thalie, et la sixième entrée, consacrée à Calliope, où l'on vit en premier lieu des poètes dansants puis, plus tard, – « embellissement des mieux concertés » dit *La Gazette* – une comédie de Quinault, *Les Poètes*, enchâssant une Mascarade espagnole ; enfin, le 14 février 1667, une quatorzième et dernière entrée est ajoutée, dont Molière fournit l'essentiel avec sa comédie-ballet du *Sicilien*, enchâssant elle-même un divertissement turc (scène 6) et se concluant par une mascarade de Maures.

PLACE DU THÉÂTRE DANS LES ENTRÉES

Il est notable que les entrées de ce grand ballet plusieurs fois dansé et évolutif pouvaient être constituées de spectacles de théâtre, donnés par les différentes troupes parisiennes réquisitionnées pour l'occasion. Il en fut ainsi quatre fois, pour les troisième, sixième, neuvième et quatorzième entrées ; et la troupe de Molière se tailla la part du lion.

La troisième entrée, dédié à Thalie, la Muse de la comédie, appelait une pièce comique, qui fut commandée à Molière – « celui de tous nos poètes qui, dans ce genre d'écrire, peut le plus justement se comparer aux anciens », dit le livret – et représentée par sa troupe. Mais quelle pièce ? Si l'on en croit le Registre de La Grange, le 2 décembre 1666 on donna *Mélicerte*. Voici le texte : ce jour-là, « on commença le *Ballet des Muses* où la troupe était employée dans une pastorale intitulée *Mélicerte* puis celle de *Coridon* ». Coridon est le nom d'un jeune berger (joué par La Grange lui-même) parmi les acteurs de ce que nous nommons *La Pastorale comique* et que La Grange nomme simplement *Coridon*. Sans regarder le manuscrit de trop près, la critique suit traditionnellement l'indication de La Grange et admet que *Mélicerte* fut remplacée plus tard, le 5 janvier 1667, par la *Pastorale comique*. Soupçonneux, les éditeurs de la nouvelle édition de La Pléiade, scrutant attentivement le manuscrit de La Grange, y remarquèrent que le compagnon de Molière avait d'abord écrit « [...] la troupe était employée dans une pastorale intitulée *Coridon* », puis qu'il s'était repris et avait inséré les quelques mots « *Mélicerte* puis celle de » ; ce qui, pour finir, donne effectivement « [...] la troupe était employée dans une pastorale intitulée *Mélicerte* puis celle de *Coridon* ». Alors ? Faut-il mettre en doute la représentation, lors de la troisième entrée, de *Mélicerte*, dont l'origine et la représentation seraient différentes, et imaginer qu'une autre pièce de Molière, dont la trace serait perdue, a d'abord été représentée dans cette troisième entrée, avant d'être remplacée par la *Pastorale comique* ? De fait, d'après ce qui nous reste de *Mélicerte*, seulement deux actes sur cinq attendus, cette « comédie pastorale héroïque » semble assez mal ajustable à une entrée de ballet. Mais aucun élément ne permet, actuellement, d'avancer dans la résolution de cette difficulté[2].

L'on retrouva des comédiens, cette fois ceux de l'Hôtel de Bourgogne, à la sixième entrée que nous avons évoquée. Dans sa forme embellie, celle-ci vit la représentation de la petite comédie des *Poètes*, très probablement de Quinault, dont les sept scènes, simplement résumées, et seulement à partir de la quatrième édition du livret, introduisent « des poètes de différents caractères », avec la Mascarade espagnole.

Quant à la neuvième entrée, dédiée à Polymnie, Muse de l'éloquence et de la dialectique, elle faisait paraître des philosophes grecs et des orateurs latins « représentés en ridicule » ; mais le livret ne donne ni résumé ni même un canevas. On y voyait à nouveau des comédiens de l'Hôtel de Bourgogne (Montfleury, Poisson et Brécourt) et des comédiens de la troupe italienne (Arlequin, Scaramouche et Valerio), auxquels on avait « laissé la liberté de composer leurs rôles ».

Enfin, Molière une dernière fois contribua, avec son *Sicilien*, à la quatorzième et dernière entrée, ajoutée sous prétexte de faire voir des Turcs et des Maures, lors des ultimes représentations de ce grand *Ballet des Muses*.

---

2   Voir, au t. I de l'édition Forestier et Bourqui, la notice p. 1484, et au t. II, la notice p. 1666-1670.

La troupe de Molière quitta aussitôt Saint-Germain, non sans avoir reçu, pour son déplacement et au titre de sa pension annuelle, la somme de 12 000 livres. Et elle reprit bien vite ses représentations au Palais-Royal, à partir du 25 février 1667, après un déplacement de trois mois.

Dans quel ordre publier les trois pièces de Molière ? Suivant, sans grande conviction, le témoignage de La Grange, nous gardons sa chronologie et donnons d'abord les deux actes restant de *Mélicerte*, qui n'ont été publiés que de manière posthume, en 1682, par l'édition complète de La Grange et Vivot. Nous donnons ensuite *La Pastorale comique*, qui n'est connue que par le résumé que fournit le livret de 1666, Molière n'ayant pas jugé digne de l'impression ce petit divertissement comique ; nous en profiterons pour transcrire, en sa troisième édition, l'intégralité de ce livret du *Ballet des Muses*, où prit place la pièce de Molière. *Le Sicilien*, plus tardif, sera donné enfin, et dans l'édition que Molière lui-même en fit imprimer. Le lecteur aura ainsi une idée assez juste de ces pièces, de leur cadre et de leur succession.

MÉLICERTE

INTRODUCTION

De cette *Mélicerte*, dont la place dans la troisième entrée du *Ballet des Muses* fait quelque peu débat, Molière n'a écrit que les deux premiers actes, publiés seulement dans l'édition posthume de 1682. Bien que très inachevée[1], cette « comédie pastorale héroïque » dévoile assez bien la position de Molière vis-à-vis de l'univers de la pastorale, auquel il ne cessa de revenir, du dernier divertissement des *Fâcheux* au petit opéra impromptu du *Malade imaginaire*, en passant par *La Princesse d'Élide*, *Mélicerte*, la *Pastorale comique* et *Le Sicilien* pour le *Ballet des Muses*, *Le Grand Divertissement royal de Versailles* qui enchâsse *George Dandin*, et *Les Amants magnifiques*[2]. Molière partage assurément la fascination de ses contemporains pour la pastorale, mais il en dénonce aussi les conventions et va jusqu'au décalage de la dérision. Beaucoup d'humour, donc, dans son regard sur le monde pastoral. Ce faisant, il réalise une sorte de couronnement pour une double tendance, repérée depuis les années 1620, dans le traitement du genre de la pastorale : l'univers poétique de la pastorale est encore pris au sérieux, mais est aussi mis en cause par l'humour ou la parodie[3].

1   En 1699, un certain Nicolas-Armand-Martial Guérin d'Estriché remania et termina la pièce de Molière dans *Myrtil et Mélicerte*, « pastorale héroïque » – bien médiocrement.

2   Voir les remarques fines et précieuses de Jacques Morel dans « Le modèle pastoral et Molière », article de 1980 repris dans ses *Agréables Mensonges* de 1991, p. 315-326.

3   Voir Charles Mazouer, « Pastorale e commedia fino a Molière », [in] *Teatri barocchi*, 2000, p. 471-486.

UNE COMÉDIE PASTORALE HÉROÏQUE

Mélicerte est bien une pastorale, avec ses nymphes ou bergères de la vallée de Tempé, en Thessalie (haut lieu de la pastorale !), avec ses bergers amoureux et souvent repoussés, avec ses pâtres rustiques âgés maîtres du sort des jeunes amoureux Myrtil et Mélicerte, dont on sent bien vite qu'ils ne sont pas à leur place dans la condition de bergers. C'est dire que cette pastorale baigne dans le romanesque, laissant deviner que les amoureux sont de race noble ou royale et qu'ils seront ou seraient reconnus comme tels dans un dénouement. Car Myrtil doit être ce grand seigneur même à qui le roi veut marier Mélicerte, laquelle n'est certainement pas une bergère. Pastorale héroïque, donc, avec des personnages de haut rang pour le moment dissimulés. Et cela a vite fait penser à une histoire enchâssée dans *Artamène, ou Le Grand Cyrus* de Madeleine de Scudéry (« Histoire de Sésostris et de Timarète »). Mais Molière exploite les thèmes attendus dans la pastorale depuis les pastorales dramatiques italiennes, comme la chaîne des amours contrariées (Acante et Tyrène aiment en vain les bergères Daphné et Éroxène qui, rivales entre elles, aiment en vain toutes les deux Myrtil, qui aime Mélicerte et est aimé d'elle), ou celui des amours juvéniles combattues par la volonté des parents. Quant à la présence parmi les bergers de personnages qui ne le sont pas, elle se rencontre dans les tragi-comédies pastorales romanesques.

Toutefois, *Mélicerte* reste bien une comédie, et pas seulement parce que le dénouement attendu et deviné sera certainement heureux à la fois pour les deux couples de bergers et de bergères, et surtout pour les deux jeunes héros amoureux, Myrtil et Mélicerte. Voyez déjà le traitement réservé par Molière aux deux couples de bergers désaccordés. Il faut relire les quatre premières scènes de l'acte I, et apprécier avec quelle finesse Molière se moque gentiment d'une convention de la pastorale et la varie. Deux bergers rebutés, deux bergères ou nymphes cruelles – lesquelles manient un langage fort précieux et quelque peu amphigourique ! – : la situation est classique, mais Molière la reprend avec humour, en mettant en œuvre un jeu de reprises, de répétitions, de parallélisme et d'échos entre les quatre personnages (I, 1). Même jeu ensuite avec le seul duo des filles, qui se découvrent amoureuses du même Myrtil (I, 2), puis qui vont faire conjointement leur demande en mariage à Lycarsis (I, 4).

Mais c'est surtout le pâtre Lycarsis, probablement joué par Molière, qui engendre un comique plus franc. Il est ridicule en soi et, opposé à Myrtil, il apporte la dissonance comique majeure dans la pastorale héroïque.

MYRTIL ET LYCARSIS

Quel contraste entre le pâtre rustique Lycarsis et celui que tous croient son fils, Myrtil ! Ce contraste fait passer du sérieux à la dérision.

Myrtil est à peine un jeune homme ; on le croirait tout juste adolescent. Molière nous rend sensible aux charmes, à la fraîcheur et à la souffrance de l'amour naissant mais déjà si fort, délicatement partagé entre Myrtil et Mélicerte. Et pourtant, le lecteur ressent quelque malaise et découvre quelque faille dans la constitution des personnages amoureux. Myrtil, pour s'en tenir à lui, est présenté par Lycarsis comme un innocent occupé à jouer à des jeux d'enfant. Mais l'innocent – quand Lycarsis lui reproche d'aimer et de ne pas même savoir ce que c'est que d'aimer, il a cette jolie réponse d'ignorant : « Sans savoir ce que c'est, mon cœur a su le faire » (v. 287) – est déjà plus avancé que l'Arlequin poli pas l'amour de Marivaux ! Il arrive sur scène, en I, 5, avec un moineau qu'il a pris et dont il fera don à Mélicerte ; imaginant que Mélicerte prendra le petit oiseau, le baisera et le mettra dans son sein, Myrtil envie à l'avance le sort de l'« heureux petit moineau » à la place de qui il voudrait bien se trouver (vers 235-240)... Quand on le somme de choisir entre deux autres bergères, le demi-innocent trouve aussitôt un langage d'une grande élégance et d'une grande habileté pour décliner la proposition et même la refuser fermement au nom de son amour entier, à la mort peut-on dire, pour Mélicerte, que lesdites bergères mépriseraient :

> Nymphes, au nom des dieux, n'en dites point de mal :
> Daignez considérer, de grâce, que je l'aime,
> Et ne me jetez point dans un désordre extrême.
> Si j'outrage en l'aimant vos célestes attraits,
> Elle n'a point de part au crime que je fais[4].

Et quand on veut le forcer, il menace de se tuer. Les « divins appas » de Mélicerte, dit-il, « font tout mon bonheur et toute mon envie ; / Et si vous me l'ôtez, vous m'arrachez la vie » (II, 5, vers 523-524). D'un côté, un jeune berger galant, avec les attitudes et la phraséologie attendues, de l'autre des traits plus enfantins et plus innocents. Avec cette ambiguïté charmante, mais un peu gênante, Myrtil laisse pressentir le Chérubin du *Mariage de Figaro*, que Beaumarchais fera nettement moins innocent.

---

4   I, 5, vers 310-314.

Face à cet adolescent plus ou moins innocent et déjà délicatement galant s'impose son père, qui n'est qu'un père adoptif, et menace sommairement du fouet le « petit sot » (v. 299) de Myrtil rebelle à ses volontés (I, 5). Saisissant contraste ! Sans doute Lycarsis ne manque-t-il pas d'une sorte de tendresse paternelle pour le « petit pendard » (v. 526), dont l'amour si entier pour Mélicerte finit par l'émouvoir ; mais cet attendrissement quasi paternel est bien plaisant quand Lycarsis le fonde sur l'idée – évidemment illusoire – que Myrtil est sa progéniture :

> Et ne se sent-on pas certains mouvements doux,
> Quand on vient à songer que cela sort de vous[5] ?

Et Molière ne cesse de dégrader le personnage, rustre bavard et vantard qui piétine allègrement la galanterie amoureuse, de le faire tomber dans la réalité la plus plate. Avec ses congénères, en I, 3, pour se faire valoir, il retarde la nouvelle de ce qui l'a émerveillé : l'arrivée du roi et de sa cour, afin de se « mettre un peu sur l'homme d'importance » (v. 105) et aiguiser l'impatience des autres. Il brûle pourtant de la dire, cette nouvelle et, les autres faisant mine de n'être plus intéressés, il s'empresse de la dire par une prétérition (« vous ne savez pas que… »). Plus drôle encore sa sotte vanité quand les deux bergères amoureuses de Myrtil viennent lui demander la main de ce dernier, en I, 4. Comme les bergères n'ont pas nommé l'objet de leur amour, Lycarsis croit aussitôt que c'est lui dont elles viennent solliciter l'union. Et de préciser, l'imbécile, qu'il ne rejettera pas les vœux d'au moins l'une des deux, car il a « une âme peu cruelle » :

---

5   II, 5, vers 545-546.

> Je tiens de feu ma femme, et je me sens comme elle
> Pour les désirs d'autrui beaucoup d'humanité,
> Et je ne suis point homme à garder de fierté[6].

La cause est entendue : Molière prend plaisir à juxtaposer, d'un côté, éléments sensibles et touchants de la pastorale et éléments conventionnels dénoncés comme tels et, de l'autre, des dégradations qui creusent un écart avec le sérieux. Nous avons constaté ce jeu humoristique avec le Moron de *La Princesse d'Élide* – autre rôle tenu par Molière. Nous le verrons encore à l'œuvre, car Molière tient à nous faire sourire de la pastorale.

Pourquoi Molière renonça-t-il à achever *Mélicerte* ? Seuls deux actes étaient faits quand le roi demanda la comédie, affirme la note finale de l'édition de 1682 : « Sa Majesté en ayant été satisfaite pour la fête où elle fut représentée, le sieur de Molière ne l'a point finie ». Si l'on suit La Grange, ces deux actes furent bien donnés à la troisième entrée du *Ballet des Muses*. Mais cinq actes auraient été bien longs pour une entrée, et les deux actes écrits, par le ton, étaient fort différents des autres productions dramatiques insérées dans les entrées – y compris celles de Molière... On peut en effet s'interroger. Ces deux actes destinés à un spectacle de cour – la cour adorait la pastorale – auraient pu être créés lors de la fête de Saint-Germain, mais hors du ballet, ou lors d'une autre fête royale, antérieure ou postérieure au *Ballet des Muses*. Ce sont des hypothèses que l'on peut envisager, mais qui restent à prouver.

Quel que soit le poids des circonstances, des obligations, des contraintes de la bousculade à quoi Molière était trop souvent soumis, il me semble que le dramaturge a dû

---

6   I, 4, vers 177-180.

abandonner sans regret excessif la composition de cette comédie pastorale héroïque, parce qu'il en avait perdu le goût, faute peut-être d'avoir trouvé le ton juste, ou estimant tout simplement que la raillerie fine à l'égard des conventions de la pastorale s'était suffisamment déployée.

LE TEXTE

Nous donnons le texte publié pour la première fois par La Grange et Vivot au septième volume de leur édition des Œuvres de Molière (*Œuvres de M. de Molière, revues, corrigées et augmentées, Enrichies de Figures en Taille-douce.* Paris, chez Denys Thierry et chez Pierre Trabouillet 1682, avec privilège du roi) (avec *Dom Garcie de Navarre, L'Impromptu de Versailles* et *Le Festin de Pierre*) :

LES / ŒUVRES / POSTHUMES / DE / MONSIEUR / DE MOLIERE. / *TOME VII.* / Imprimées pour la premiere fois en 1682. / *Enrichies de Figures en Taille-douce.* / A PARIS. / Chez / DENYS THIERRY, ruë Saint Jacques, à / l'enseigne de la Ville de Paris. / CLAUDE BARBIN, au Palais sur le se- / cond Perron de la Sainte Chapelle. / ET / PIERRE TRABOUILLET, au Palais, dans la / Gallerie des Prisonniers, à l'image S. Hubert, & / à la Fortune, proche le Greffe des / Eaux & Forests / M. DC. LXXXII. / *AVEC PRIVILEGE DU ROY.*

Plusieurs exemplaires à la BnF Tolbiac (l'exemplaire Rés YF 3161 (7) a été microfilmé (MICROFILM M-17487), Arts du spectacle et Arsenal (Rés. 8 BL 12766).
Mélicerte se trouve aux pages 277-264.

BIBLIOGRAPHIE COMPLÉMENTAIRE

MOREL, Jacques, *Agréables Mensonges. Essais sur le théâtre français du* XVIIe *siècle*, Paris, Klincksieck, 1991, p. 315-326.

MAZOUER, Charles, « Pastorale e commedia fino a Molière », [in] *Teatri barocchi. Tragedie, commedie, pastorali nella drammaturgia europea fra '500 e '600*, a cura di Silvia Carandini, Roma, Bulzoni 2000, p. 469-486.

MAZOUER, Charles, *Le Théâtre français de l'âge classique. II : L'apogée du classicisme*, Paris, Champion, 2010, p. 187-194.

MÉLICERTE

COMEDIE

PASTORALE HEROÏQUE

Par J. B. P. de MOLIERE

*Représentée la première fois à Saint-Germain-
en-Laye pour le Roi, au Ballet des
Muses en Décembre 1666*

Par la Troupe du Roi

ACANTE, amant[1] de Daphné.

TYRÈNE, amant d'Éroxène.

DAPHNÉ, bergère.

ÉROXÈNE, bergère.

LYCARSIS, pâtre, cru père de Myrtil.

MYRTYL, amant de Mélicerte.

MÉLICERTE, Nymphe[2] ou bergère, amante de Myrtil[3].

CORINNE, confidente de Mélicerte.

NICANDRE, berger.

MOPSE, berger, cru oncle de Mélicerte.

La scène est en Thessalie, dans la vallée de Tempé.

---

1   *L'amant* est celui qui a déclaré ses sentiments amoureux.

2   *Nymphe* ne désigne pas une divinité, mais quelque bergère de plus haut rang. Au cours de la pièce, Daphné et Éroxène seront également qualifiées de nymphes.

3   Selon toute probabilité, le rôle de LYCARSIS fut tenu par Molière, celui de MYRTIL par le jeune Baron et celui de Mélicerte, cette jeune princesse crue bergère, par Armande Béjart, la femme de Molière.

MÉLICERTE

Comédie
pastorale héroïque

ACTE PREMIER

Scène PREMIÈRE
TYRÈNE, DAPHNÉ, ACANTE, ÉROXÈNE

ACANTE

Ah ! charmante Daphné !

TYRÈNE

         Trop aimable éroxène.

DAPHNÉ

Acante, laisse-moi.

ÉROXÈNE

         Ne me suis point, Tyrène.

ACANTE

Pourquoi me chasses-tu ?

TYRÈNE

         Pourquoi fuis-tu mes pas ?

DAPHNÉ   [230]

Tu me plais loin de moi.

ÉROXÈNE

Je m'aime où tu n'es pas[4].

ACANTE

5   Ne cesseras-tu point cette rigueur mortelle ?

TYRÈNE

Ne cesseras-tu point de m'être si cruelle ?

DAPHNÉ

Ne cesseras-tu point tes inutiles vœux ?

ÉROXÈNE

Ne cesseras-tu point de m'être si fâcheux ?

ACANTE

Si tu n'en prends pitié, je succombe à ma peine.

TYRÈNE

10   Si tu ne me secours, ma mort est trop certaine.

DAPHNÉ

Si tu ne veux partir, je vais quitter ce lieu.

ÉROXÈNE

Si tu veux demeurer, je te vais dire adieu.

ACANTE

Eh bien ! en m'éloignant je te vais satisfaire.

---

4   J'aime à être, je me plais où tu n'es pas.

TYRÈNE

Mon départ va t'ôter ce qui peut te déplaire.

ACANTE

15   Généreuse Éroxène, en faveur de mes feux
Daigne au moins par pitié lui dire un mot ou deux.

TYRÈNE

Obligeante Daphné, parle à cette inhumaine,
Et sache d'où pour moi procède tant de haine.

Scène SECONDE   [231]
DAPHNÉ, ÉROXÈNE

ÉROXÈNE

Acante a du mérite, et t'aime tendrement.
20   D'où vient que tu lui fais un si dur traitement ?

DAPHNÉ

Tyrène vaut beaucoup, et languit pour tes charmes.
D'où vient que sans pitié tu vois couler ses larmes ?

ÉROXÈNE

Puisque j'ai fait ici la demande avant toi,
La raison te condamne à répondre avant moi.

DAPHNÉ

25   Pour tous les soins d'Acante, on me voit inflexible,
Parce qu'à d'autres vœux je me trouve sensible.

ÉROXÈNE

Je ne fais pour Tyrène éclater que rigueur,
Parce qu'un autre choix est maître de mon cœur.

DAPHNÉ

Puis-je savoir de toi ce choix qu'on te voit taire ?

ÉROXÈNE

30   Oui, si tu veux du tien m'apprendre le mystère.

DAPHNÉ   [232]

Sans te nommer celui qu'Amour m'a fait choisir,
Je puis facilement contenter ton désir ;
Et de la main d'Atis, ce peintre inimitable,
J'en garde dans ma poche un portrait admirable,
35   Qui jusqu'au moindre trait lui ressemble si fort,
Qu'il est sûr que tes yeux le connaîtront d'abord[5].

ÉROXÈNE

Je puis te contenter par une même voie,
Et payer ton secret en pareille monnoie[6].
J'ai de la main aussi de ce peintre fameux,
40   Un aimable[7] portrait de l'objet de mes vœux,
Si plein de tous ses traits et de sa grâce extrême,
Que tu pourras d'abord te le nommer toi-même.

DAPHNÉ

La boîte que le peintre a fait faire pour moi,
Est tout à fait semblable à celle que je vois.

ÉROXÈNE

45   Il est vrai, l'une à l'autre entièrement ressemble,
Et certe[8] il faut qu'Atis les ait fait faire ensemble.

---

5   Aussitôt.
6   Selon la prononciation du temps, la rime est « vouai » / « monnouaie » ;
     la prononciation moderne *voie* / *monnaie* détruirait cette rime.
7   *Aimable* : digne d'être aimé.
8   La graphie correcte *certes* entraînerait un vers faux de 13 syllabes.

DAPHNÉ

Faisons en même temps, par un peu de couleurs,
Confidence à nos yeux du secret de nos cœurs[9].

ÉROXÈNE

Voyons à qui plus vite entendra ce langage,
50   Et qui parle le mieux, de l'un ou l'autre ouvrage.

DAPHNÉ   [233]

La méprise est plaisante, et tu te brouilles bien[10] :
Au lieu de ton portrait tu m'as rendu le mien.

ÉROXÈNE

Il est vrai, je ne sais comme j'ai fait la chose.

DAPHNÉ

Donne. De cette erreur ta rêverie[11] est cause.

ÉROXÈNE

55   Que veut dire ceci ? Nous nous jouons[12], je crois.
Tu fais de ces portraits même chose que moi.

DAPHNÉ

Certes, c'est pour en rire[13], et tu peux me le rendre.

ÉROXÈNE

Voici le vrai moyen de ne se point méprendre[14].

---

9   Tour fort précieux : Faisons-nous connaître mutuellement nos amants
     en nous montrant l'une à l'autre leurs portraits en couleur.
10   Tu t'embrouilles. Les deux filles ont échangé les boîtes, qui sont
     semblables... et révèlent, une fois ouvertes, le même portrait. D'où
     l'impression de confusion dans l'échange.
11   *Ta rêverie* : les agréables pensées de ton imagination.
12   Nous nous moquons l'une de l'autre.
13   C'est risible.
14   Ce moyen consiste à mettre les deux portraits l'un à côté de l'autre.

DAPHNÉ

De mes sens prévenus est-ce une illusion[15] ?

ÉROXÈNE

60   Mon âme sur mes yeux fait-elle impression ?

DAPHNÉ

Myrtil à mes regards s'offre dans cet ouvrage.

ÉROXÈNE

De Myrtil dans ces traits je rencontre l'image.

DAPHNÉ

C'est le jeune Myrtil qui fait naître mes feux.

ÉROXÈNE

C'est au jeune Myrtil que tendent tous mes vœux.

DAPHNÉ   [Tome VII V] [234]

65   Je venais aujourd'hui te prier de lui dire
Les soins[16] que pour son sort son mérite m'inspire.

ÉROXÈNE

Je venais te chercher pour servir mon ardeur,
Dans le dessein que j'ai de m'assurer son cœur.

DAPHNÉ

Cette ardeur qu'il t'inspire est-elle si puissante ?

---

15   Est-ce que ma vue me trompe parce que j'ai dans l'esprit une autre
       image qui devance et empêche la vision exacte ? La réplique suivante
       d'Éroxène dit la même chose de manière un peu plus claire.
16   L'intérêt, les attentions.

ÉROXÈNE

70 L'aimes-tu d'une amour qui soit si violente[17] ?

DAPHNÉ

Il n'est point de froideur qu'il ne puisse enflammer,
Et sa grâce naissante a de quoi tout charmer[18].

ÉROXÈNE

Il n'est Nymphe en l'aimant qui ne se tînt heureuse,
Et Diane sans honte en serait amoureuse.

DAPHNÉ

75 Rien que son air charmant[19] ne me touche
                                    [aujourd'hui ;
Et si j'avais cent cœurs, ils seraient tous pour lui.

ÉROXÈNE

Il efface à mes yeux tout ce qu'on voit paraître,
Et si j'avais un sceptre, il en serait le maître.

DAPHNÉ

Ce serait donc en vain qu'à chacune, en ce jour,
80 On nous voudrait du sein arracher cet amour :
Nos âmes dans leurs vœux sont trop bien affermies.
Ne tâchons, s'il se peut, qu'à demeurer amies ; [235]
Et puisque en même temps, pour le même sujet,
Nous avons toutes deux formé même projet,
85 Mettons dans ce débat la franchise en usage,
Ne prenons l'une et l'autre aucun lâche avantage,

---

17   *Amour* est encore féminin au singulier. Diérèse sur *violente*.
18   *Charmer* : ensorceler.
19   Rien d'autre que son air ensorcelant.

Et courons nous ouvrir ensemble à Lycarsis,
Des tendres sentiments où nous jette son fils.

ÉROXÈNE

J'ai peine à concevoir, tant la surprise est forte,
90 Comme un tel fils est né d'un père de la sorte[20] ;
Et sa taille, son air, sa parole et ses yeux
Feraient croire qu'il est issu du sang des dieux.
Mais enfin j'y souscris, courons trouver ce père,
Allons-lui de nos cœurs découvrir le mystère,
95 Et consentons qu'après Myrtil, entre nous deux,
Décide par son choix ce combat[21] de nos vœux.

DAPHNÉ

Soit. Je vois Lycarsis avec Mopse et Nicandre.
Ils pourront le quitter ; cachons-nous pour attendre.

Scène 3 [V ij] [236]
LYCARSIS, MOPSE, NICANDRE

NICANDRE

Dis-nous[22] donc ta nouvelle.

LYCARSIS

                Ah ! que vous me
                    [pressez !
100 Cela ne se dit pas comme vous le pensez.

---

20 Tous sentent que Myrtil n'est pas un simple berger, n'est pas le fils de
Lycarsis, mais qu'il est issu de race noble.
21 Cette rivalité.
22 Nicandre s'adresse à Lycarsis.

MOPSE

Que de sottes façons, et que de badinage !
Ménalque pour chanter n'en fait pas davantage.

LYCARSIS

Parmi les curieux des affaires d'État[23],
Une nouvelle à dire est d'un puissant éclat.
105   Je me veux mettre un peu sur l'homme
                             [d'importance[24],
Et jouir quelque temps de votre impatience[25].

NICANDRE

Veux-tu par tes délais nous fatiguer tous deux ?

MOPSE

Prends-tu quelque plaisir à te rendre fâcheux ?

NICANDRE

De grâce, parle, et mets ces mines en arrière[26].

LYCARSIS

110   Priez-moi donc tous deux de la bonne manière,
Et me dites chacun quel don vous me ferez,
Pour obtenir de moi ce que vous désirez.

MOPSE   [237]

La peste soit du fat[27] ! Laissons-le là, Nicandre.
Il brûle de parler bien plus que nous d'entendre.

---

23   La diérèse (*curieux*) et le *e* sonore (*affaires*) donnent quelque grandiloquence
       plaisante au vers, le personnage ridicule cherchant à se mettre en valeur.
24   Je veux me mettre à faire un peu l'homme d'importance.
25   Deux diérèses (*jouir* ; *impatience*) à nouveau dans ce vers.
26   Laisse là ce comportement, ces simagrées.
27   *Fat* : sot.

115   Sa nouvelle lui pèse, il veut s'en décharger,
       Et ne l'écouter pas est le faire enrager.

                    LYCARSIS
       Eh !

                    NICANDRE
          Te voilà puni de tes façons de faire.

                    LYCARSIS
       Je m'en vais vous le dire, écoutez.

                    MOPSE
                                   Point d'affaire.

                    LYCARSIS
       Quoi, vous ne voulez pas m'entendre ?

                    NICANDRE
                                   Non.

                    LYCARSIS
                                   Eh bien !
120   Je ne dirai donc mot, et vous ne saurez rien.

                    MOPSE
       Soit.

                    LYCARSIS
          Vous ne saurez pas qu'avec magnificence,
       Le roi vient d'honorer Tempé de sa présence ;
       Qu'il entra dans Larisse[28] hier sur le haut du jour[29] ;

       _____

       28   Ville de Thessalie au bord du Pénée.
       29   Le moment du jour où le soleil est le plus haut sur l'horizon.

Qu'à l'aise je l'y vis avec toute sa cour ;
125   Que ces bois vont jouir aujourd'hui de sa vue,
Et qu'on raisonne fort touchant cette venue.

NICANDRE

Nous n'avons pas envie aussi de rien savoir[30].

LYCARSIS

Je vis cent choses là ravissantes à voir.
Ce ne sont que seigneurs qui, des pieds à la tête,
130   Sont brillants et parés comme au jour d'une fête ;
Ils surprennent la vue ; et nos prés au printemps,
Avec toutes leurs fleurs, sont bien moins
                  [éclatants. [238]
Pour le prince, entre tous sans peine on le remarque ;
Et d'une stade[31] loin il sent son grand monarque :
135   Dans toute sa personne, il a je ne sais quoi
Qui d'abord fait juger que c'est un maître roi[32] ;
Il le fait d'une grâce à nulle autre seconde,
Et cela, sans mentir, lui sied le mieux du monde.
On ne croirait jamais comme de toutes parts
140   Toute sa cour s'empresse à chercher ses regards :
Ce sont autour de lui confusions plaisantes ;
Et l'on dirait d'un tas de mouches reluisantes[33]
Qui suivent en tous lieux un doux rayon de miel.
Enfin l'on ne voit rien de si beau sous le ciel ;
145   Et la fête de Pan, parmi nous si chérie,
Auprès de ce spectacle est une gueuserie[34].

---

30   De savoir quoi que ce soit.
31   *Stade* : mesure grecque de quelque 180 mètres. Furetière donne encore
     le mot comme féminin à la fin du siècle.
32   Allusion, évidemment, à Louis XIV.
33   Il s'agit d'abeilles.
34   *Gueuserie* : chose médiocre.

Mais puisque sur le fier vous vous tenez si bien[35],
Je garde ma nouvelle, et ne veux dire rien.

MOPSE

Et nous ne te voulons aucunement entendre.

LYCARSIS

150   Allez vous promener.

MOPSE

Va-t'en te faire pendre.

Scène 4   [239]
ÉROXÈNE, DAPHNÉ, LYCARSIS

LYCARSIS

C'est de cette façon que l'on punit les gens,
Quand ils font les benêts et les impertinents[36].

DAPHNÉ

Le Ciel tienne, pasteur, vos brebis toujours saines !

ÉROXÈNE

Cérès tienne de grains vos granges toujours pleines !

LYCARSIS

155   Et le grand Pan vous donne à chacune un époux
Qui vous aime beaucoup, et soit digne de vous !

DAPHNÉ

Ah ! Lycarsis, nos vœux à même but aspirent.

---

35   Puisque vous persistez à faire les fiers.
36   Lycarsis ne voit pas entrer les deux bergères et se croit seul.

ÉROXÈNE

C'est pour le même objet que nos deux cœurs
[soupirent.

DAPHNÉ

Et l'Amour, cet enfant qui cause nos langueurs,
160   A pris chez vous[37] le trait dont il blesse nos cœurs.

ÉROXÈNE

Et nous venons ici chercher votre alliance,
Et voir qui de nous deux aura la préférence.

LYCARSIS

Nymphes…

DAPHNÉ

Pour ce bien seul nous poussons des
[soupirs.

LYCARSIS   [240]

Je suis…

ÉROXÈNE

À ce bonheur tendent tous nos désirs.

DAPHNÉ

165   C'est un peu librement expliquer sa pensée.

LYCARSIS

Pourquoi ?

---

37   *Chez vous* : les bergères veulent dire « dans votre maison », et Lycarsis
     comprend « en votre personne ». Molière va développer le quiproquo.

ÉROXÈNE
La bienséance y semble un peu blessée.

LYCARSIS
Ah ! point.

DAPHNÉ
Mais quand le cœur brûle d'un noble
[feu,
On peut sans nulle honte en faire un libre aveu.

LYCARSIS
Je...

ÉROXÈNE
Cette liberté nous peut être permise,
170   Et du choix de nos cœurs la beauté l'autorise[38].

LYCARSIS
C'est blesser ma pudeur que me flatter ainsi.

ÉROXÈNE
Non, non, n'affectez point de modestie ici.

DAPHNÉ
Enfin tout notre bien est en votre puissance.

ÉROXÈNE
C'est de vous que dépend notre unique espérance.

DAPHNÉ
175   Trouverons-nous en vous quelques difficultés ?

---

38 Et la beauté du choix qu'ont fait nos cœurs autorise cette liberté.

LYCARSIS

Ah !

ÉROXÈNE

Nos vœux, dites-moi, seront-ils rejetés ?

LYCARSIS   [241]

Non : j'ai reçu du Ciel une âme peu cruelle ;
Je tiens de feu ma femme, et je me sens comme elle
Pour les désirs d'autrui beaucoup d'humanité,
180   Et je ne suis point homme à garder de fierté.

DAPHNÉ

Accordez donc Myrtil à notre amoureux zèle.

ÉROXÈNE

Et souffrez que son choix règle notre querelle.

LYCARSIS

Myrtil ?

DAPHNÉ

Oui, c'est Myrtil que de vous nous voulons.

ÉROXÈNE

De qui pensez-vous donc qu'ici nous vous parlons ?

LYCARSIS

185   Je ne sais ; mais Myrtil n'est guère dans un âge
Qui soit propre à ranger au joug du mariage.

DAPHNÉ

Son mérite naissant peut frapper d'autres yeux ;

Et l'on veut s'engager[39] un bien si précieux,
Prévenir[40] d'autres cœurs, et bravez la Fortune
190   Sous les fermes liens d'une chaîne commune[41].

ÉROXÈNE

Comme par son esprit et ses autres brillants[42]
Il rompt l'ordre commun et devance le temps,
Notre flamme pour lui veut en faire de même,
Et régler tous ses vœux sur son mérite extrême[43].

LYCARSIS

195   Il est vrai qu'à son âge il surprend quelquefois ;
Et cet Athénien qui fut chez moi vingt mois,
Qui, le trouvant joli[44], se mit en fantaisie
De lui remplir l'esprit de sa philosophie,
Sur de certains discours l'a rendu si profond,
200   Que, tout grand que je suis, souvent il me confond.
Mais, avec tout cela, ce n'est encor

                              [qu'enfance, [Tome VII X] [242]
Et son fait[45] est mêlé de beaucoup d'innocence.

DAPHNÉ

Il n'est point tant enfant, qu'à le voir chaque jour,
Je ne le croie atteint déjà d'un peu d'amour ;
205   Et plus d'une aventure à mes yeux s'est offerte

---

39 *S'engager* : s'assurer.
40 *Prévenir* : devancer.
41 Formulation bien contournée pour dire le mariage !
42 *Brillants* : qualités qui brillent ; *ses autres brillants* : l'éclat de ses autres
    qualités.
43 De même qu'il est en avance sur son âge par ses qualités et rompt ainsi
    l'ordre commun, de même notre amour pour lui veut dès maintenant se
    déclarer et le demander en mariage, contrairement à l'usage commun.
44 *Joli* a ici le sens de spirituel, avenant, aimable.
45 Sa conduite.

Où j'ai connu qu'il suit la jeune Mélicerte[46].

ÉROXÈNE

Ils pourraient bien s'aimer ; et je vois…

LYCARSIS

Franc abus[47].

Pour elle, passe encore : elle a deux ans de plus ;
Et deux ans, dans son sexe, est[48] une grande avance.
210   Mais pour lui, le jeu seul l'occupe tout[49], je pense,
Et les petits désirs de se voir ajusté[50]
Ainsi que les bergers de haute qualité.

DAPHNÉ

Enfin nous désirons par le nœud d'hyménée
Attacher sa fortune à notre destinée.

ÉROXÈNE

215   Nous voulons, l'une et l'autre avec pareille ardeur,
Nous assurer de loin[51] l'empire de son cœur.

LYCARSIS

Je m'en tiens honoré autant[52] qu'on saurait croire.
Je suis un pauvre pâtre ; et ce m'est trop de gloire
Que deux Nymphes d'un rang le plus haut du pays

---

46   Et j'ai vu plus d'un fait, plus d'une circonstance qui m'ont permis de
       comprendre qu'il courtise la jeune Mélicerte.
47   Complète erreur.
48   Malgré le sujet au pluriel, le verbe est au singulier. C'est que le sujet est
       considéré comme un ensemble unique et qu'il y a pu avoir attraction de
       l'attribut.
49   Tout entier.
50   *Ajusté* : paré, apprêté.
51   À l'avance.
52   Hiatus à la césure.

220   Disputent à se faire un époux de mon fils.
       Puisqu'il vous plaît qu'ainsi la chose s'exécute,
       Je consens que son choix règle votre dispute ;
       Et celle qu'à l'écart laissera cet arrêt,
       Pourra, pour son recours, m'épouser, s'il lui plaît.
225   C'est toujours même sang, et presque même chose.
       Mais le voici. Souffrez qu'un peu je le dispose[53].
       Il tient quelque moineau qu'il a pris fraîchement[54].

                                              [[243]]

       Et voilà ses amours et son attachement.

                          Scène 5
            MYRTIL, LYCARSIS, ÉROXÈNE, DAPHNÉ

                          MYRTIL
                  Innocente petite bête,
230   Qui contre ce qui vous arrête
                Vous débattez tant à mes yeux,
       De votre liberté ne plaignez point la perte :
                Votre destin est glorieux,
                Je vous ai pris pour Mélicerte.
235   Elle vous baisera, vous prenant dans sa main,
                Et de vous mettre en son sein
                Elle vous fera la grâce.
       Est-il un sort au monde et plus doux et plus beau ?
       Et qui des rois, hélas ! heureux petit moineau,
240   Ne voudrait être en votre place[55] ?

---

53   Permettez que je le prépare un peu à cela.
54   *Fraîchement* : récemment.
55   Myrtil, qui tient l'oiseau dans une cage, a prononcé cette tirade, exception-
     nellement écrite en vers mêlés, en se croyant seul, les autres personnages
     se reculant sans doute vers le fond du théâtre.

LYCARSIS

Myrtil, Myrtil, un mot. Laissons là ces joyaux[56] ;
Il s'agit d'autre chose ici que de moineaux.
Ces deux Nymphes, Myrtil, à la fois te prétendent[57],
Et, tout jeune[58], déjà, pour époux te demandent.
245   Je dois, par un hymen, t'engager à leurs vœux,
Et c'est toi que l'on veut qui choisisse[59] des deux.

MYRTIL

Ces Nymphes…

LYCARSIS   [X ij] [244]

Oui. Des deux tu peux en choisir
                                    [une ;
Vois quel est ton bonheur, et bénis la Fortune.

MYRTIL

Ce choix qui m'est offert peut-il m'être un bonheur,
250   S'il n'est aucunement souhaité de mon cœur ?

LYCARSIS

Enfin qu'on le reçoive, et que, sans le confondre[60],
À l'honneur qu'elles font on songe à bien répondre.

---

56   *Joyaux* est employé ironiquement. Voir Furetière : « On appelle […]
     ironiquement un *beau joyau* quelque chose dont on ne fait pas grand
     cas ».
57   Te recherchent en vue du mariage.
58   Tout jeune que tu es, bien que tu sois jeune.
59   Bien que l'antécédent du relatif soit un pronom de la deuxième personne,
     ce relatif régit un verbe à la troisième personne.
60   Si on garde ce *le* original, qui renvoie au *bonheur* du v. 249, il faut
     comprendre, selon Georges Couton : sans confondre ce bonheur avec
     un autre, en l'estimant à son juste prix. 1734 donne *sans se confondre*,
     c'est-à-dire sans se troubler, qui est plus aisément compréhensible.

ÉROXÈNE

Malgré cette fierté qui règne parmi nous,
Deux Nymphes, ô Myrtil, viennent s'offrir à vous ;
255   Et de vos qualités les merveilles écloses
Font que nous renversons ici l'ordre des choses.

DAPHNÉ

Nous vous laissons, Myrtil, pour l'avis le meilleur,
Consulter sur ce choix vos yeux et votre cœur ;
Et nous n'en voulons point prévenir les suffrages[61]
260   Par un récit paré de tous nos avantages.

MYRTIL

C'est me faire un honneur dont l'éclat me surprend ;
Mais cet honneur, pour moi, je l'avoue, est trop
                                        [grand.
À vos rares bontés il faut que je m'oppose ;
Pour mériter ce sort, je suis trop peu de chose ;
265   Et je serais fâché, quels qu'en soient les appâts,
Qu'on vous blâmât pour moi de faire un choix
                                        [trop bas.

ÉROXÈNE

Contentez nos désirs, quoi qu'en en puisse croire,
Et ne vous chargez point du soin de notre gloire.

DAPHNÉ   [245]

Non, ne descendez point dans ces humilités,
270   Et laissez-nous juger ce que vous méritez.

MYRTIL

Le choix qui m'est offert s'oppose à votre attente,

---

61   Nous ne voulons point imposer des préventions à votre choix.

Et peut seul[62] empêcher que mon cœur vous
                                     [contente.
Le moyen de choisir de deux grandes beautés,
Égales en naissance et rares qualités ?
275   Rejeter l'une ou l'autre est un crime[63] effroyable,
Et n'en choisir aucune est bien plus raisonnable.

ÉROXÈNE

Mais en faisant refus de répondre à nos vœux,
Au lieu d'une, Myrtil, vous en outragez deux.

DAPHNÉ

Puisque nous consentons à l'arrêt qu'on peut rendre,
280   Ces raisons ne font rien à vouloir s'en défendre[64].

MYRTIL

Eh bien ! si ces raisons ne vous satisfont pas,
Celle-ci le fera : j'aime d'autres appas ;
Et je sens bien qu'un cœur qu'un bel objet engage
Est insensible et sourd à tout autre avantage.

LYCARSIS

285   Comment donc ? Qu'est-ce ci ? Qui l'eût pu
                                       [présumer ?
Et savez-vous, morveux, ce que c'est que d'aimer ?

MYRTIL

Sans savoir ce que c'est, mon cœur a su le faire.

---

62 À lui seul.
63 *Crime* : faute grave.
64 Pour que vous refusiez de rendre cet arrêt (*à vouloir s'en défendre*), ces
     raisons sont sans valeur (*ne font rien*).

LYCARSIS

Mais cet amour me choque, et n'est pas nécessaire.

MYRTIL   [X iij] [246]

Vous ne deviez donc pas, si cela vous déplaît,

290   Me faire un cœur sensible et tendre comme il est.

LYCARSIS

Mais ce cœur que j'ai fait me doit obéissance.

MYRTIL

Oui, lorsque d'obéir il est en sa puissance.

LYCARSIS

Mais enfin, sans mon ordre il ne doit point aimer.

MYRTIL

Que n'empêchiez-vous donc que l'on pût le
                              [charmer[65] ?

LYCARSIS

295   Eh bien ! je vous défends que cela continue.

MYRTIL

La défense, j'ai peur, sera trop tard venue.

LYCARSIS

Quoi ? les pères n'ont pas des droits supérieurs ?

MYRTIL

Les dieux, qui sont bien plus, ne forcent point les
                                      [cœurs.

_____

65   Toujours le sens fort de *charmer*.

LYCARSIS

Les dieux… Paix, petit sot ! Cette philosophie

300   Me…

DAPHNÉ

Ne vous mettez point en courroux, je vous prie.

LYCARSIS

Non ; je veux qu'il se donne à l'une pour époux,
Ou je vais lui donner le fouet tout devant vous.
Ah ! ah ! je vous ferai sentir que je suis père.

DAPHNÉ

Traitons, de grâce, ici les choses sans colère.

ÉROXÈNE

305   Peut-on savoir de vous cet objet si charmant
Dont la beauté, Myrtil, vous a fait son amant ?

MYRTIL   [247]

Mélicerte, Madame. Elle en peut faire d'autres.

ÉROXÈNE

Vous comparez, Myrtil, ses qualités aux nôtres ?

DAPHNÉ

Le choix d'elle et de nous est assez inégal[66].

MYRTIL

310   Nymphes, au nom des dieux, n'en dites point de
                                         [mal ;
Daignez considérer, de grâce, que je l'aime,

---

66   Comprendre : il y a inégalité entre elle et nous, qui lui sommes supérieures.

Et ne me jetez point dans un désordre[67] extrême.
Si j'outrage en l'aimant vos célestes attraits,
Elle n'a point de part au crime[68] que je fais :
315 C'est de moi, s'il vous plaît, que vient toute l'offense.
Il est vrai, d'elle à vous je sais la différence ;
Mais par sa destinée l'on se trouve enchaîné ;
Et je sens bien enfin que le Ciel m'a donné
Pour vous tout le respect, Nymphes, imaginable,
320 Pour elle tout l'amour dont une âme est capable.
Je vois, à la rougeur qui vient de vous saisir,
Que ce que je vous dis ne vous fait pas plaisir.
Si vous parlez, mon cœur appréhende d'entendre
Ce qui peut le blesser par l'endroit le plus tendre ;
325 Et pour me dérober à de semblables coups,
Nymphes, j'aime bien mieux prendre congé de vous.

                         LYCARSIS
Myrtil, holà ! Myrtil ! Veux-tu revenir, traître ?
Il fuit ; mais on verra qui de nous est le maître.
Ne vous effrayez point de tous ces vains transports[69] :
330 Vous l'aurez pour époux[70] ; j'en réponds corps
                                    [pour corps[71].

            Fin du premier acte.

---

67 *Désordre* : désarroi.
68 Voir, *supra*, la note au vers 275.
69 *Transports* : manifestations des sentiments – ici la passion de Myrtil pour
    Mélicerte qui lui fait refuser les deux nymphes.
70 L'une des deux seulement l'aura pour époux ! L'assurance de Lycarsis
    unit plaisamment les deux bergères.
71 Répondre de quelqu'un corps pour corps, c'est répondre de quelqu'un comme
    de soi-même, en répondre sur sa propre vie. Mais comme, en 223-225,
    Lycarsis a proposé d'épouser celle des deux qui serait dédaignée de Myrtil,
    le « corps pour corps » peut se charger d'une valeur concrète, physique fort
    plaisante (il donnerait son corps en mariage à la place de Myrtil).

ACTE II   [X iiij] [248]

Scène PREMIÈRE
MÉLICERTE, CORINNE

MÉLICERTE

Ah ! Corinne, tu viens de l'apprendre de Stelle,
Et c'est de Lycarsis qu'elle tient la nouvelle.

CORINNE

Oui.

MÉLICERTE

Que les qualités dont Myrtil est orné
Ont su toucher d'amour Éroxène et Daphné ?

CORINNE

335   Oui.

MÉLICERTE

Que pour l'obtenir leur ardeur est si grande,
Qu'ensemble elles en ont déjà fait la demande ?
Et que, dans ce débat, elles ont fait dessein
De passer, dès cette heure, à[72] recevoir sa main ?
Ah ! que tes mots ont peine à sortir de ta bouche,
340   Et que c'est faiblement que mon souci[73] te touche !

CORINNE   [249]

Mais quoi ? que voulez-vous ? C'est là la vérité,
Et vous redites tout comme je l'ai conté.

---

72   *Passer à* : en venir à.
73   Inquiétude, chagrin.

MÉLICERTE

Mais comment Lycarsis reçoit-il cette affaire ?

CORINNE

Comme un honneur, je crois, qui doit beaucoup
                                            [lui plaire.

MÉLICERTE

345   Et ne vois-tu pas bien, toi qui sais mon ardeur,
Qu'avec ce mot, hélas ! tu me perces le cœur ?

CORINNE

Comment ?

MÉLICERTE

            Me mettre aux yeux que le sort implacable
Auprès d'elles[74] me rend trop peu considérable,
Et qu'à moi, par leur rang, on les va préférer,
350   N'est-ce pas une idée à me désespérer ?

CORINNE

Mais quoi ? Je vous réponds, et dis ce que je pense.

MÉLICERTE

Ah ! tu me fais mourir par ton indifférence.
Mais dis, quels sentiments Myrtil a-t-il fait voir ?

CORINNE

Je ne sais.

MÉLICERTE

            Et c'est là ce qu'il fallait savoir,

---

74   En comparaison d'elles.

355   Cruelle !

CORINNE

En vérité, je ne sais comment faire,
Et de tous les côtés je trouve à vous déplaire.

MÉLICERTE

C'est que tu n'entres point dans tous les mouvements
D'un cœur, hélas ! rempli de tendres sentiments.
Va-t'en, laisse-moi seule en cette solitude[75]   [250]
360   Passer quelques moments de mon inquiétude[76].

Scène 2

MÉLICERTE

Vous le voyez, mon cœur, ce que c'est que d'aimer,
Et Bélise avait su trop bien m'en informer.
Cette charmante mère, avant sa destinée[77],
Me disait une fois, sur le bord du Pénée[78] :
365   « Ma fille, songe à toi. L'amour aux jeunes cœurs
Se présente toujours entouré de douceurs ;
D'abord il n'offre aux yeux que choses agréables ;
Mais il traîne après lui des troubles effroyables ;
Et si tu veux passer tes jours dans quelque paix,
370   Toujours, comme d'un mal, défends-toi de ses
                                        [traits[79]. »

---

75 *Solitude* : endroit solitaire.
76 *Inquiétude* : tourment.
77 Avant d'accomplir sa destinée, avant sa mort.
78 Fleuve de Thessalie.
79 *Ses traits* : les flèches de l'amour, qui blessent les cœurs.

De ces leçons, mon cœur[80], je m'étais souvenue ;
Et quand Myrtil venait à s'offrir à ma vue,
Qu'il jouait avec moi, qu'il me rendait des soins[81],
Je vous disais toujours de vous y plaire moins.
375 Vous ne me crûtes point ; et votre complaisance
Se vit bientôt changée en trop de bienveillance ;
Dans ce naissant amour qui flattait vos désirs,
Vous ne vous figuriez que joie et que plaisirs.
Cependant vous voyez la cruelle disgrâce[82]
380 Dont, en ce triste jour, le destin vous menace,
Et la peine mortelle où vous voilà réduit !   [251]
Ah ! mon cœur ah ! mon cœur ! je vous l'avais bien
                                                    [dit.
Mais tenons, s'il se peut, notre douleur couverte.
Voici…

Scène 3
MYRTIL, MÉLICERTE

MYRTIL
J'ai fait tantôt, charmante Mélicerte,
385 Un petit prisonnier que je garde pour vous,
Et dont peut-être un jour je deviendrai jaloux.
C'est un jeune moineau, qu'avec un soin extrême
Je veux, pour vous l'offrir, apprivoiser moi-même.
Le présent n'est pas grand ; mais les divinités
390 Ne jettent leurs regards que sur les volontés :
C'est le cœur qui fait tout ; et jamais la richesse

---

80 Comme dans un monologue tragique, l'héroïne s'adresse à son cœur
     pour méditer sur son malheur.
81 *Soins* : assiduités auprès de la femme aimée.
82 *Disgrâce* : malheur, infortune.

Des présents que… Mais, Ciel ! d'où vient cette
                        [tristesse ?
Qu'avez-vous, Mélicerte, et quel sombre chagrin
Serait dans vos beaux yeux répandu ce matin ?
395   Vous ne répondez point ? et ce morne silence
Redouble encor ma peine et mon impatience[83].
Parlez ; de quel ennui[84] ressentez-vous les coups ?
Qu'est-ce donc ?

MÉLICERTE
Ce n'est rien.

MYRTIL   [252]
                    Ce n'est rien,
                    [dites-vous ?
Et je vois cependant vos yeux couverts de larmes ;
400   Cela s'accorde-t-il, beauté pleine de charmes[85] ?
Ah ! ne me faites point un secret dont je meurs,
Et m'expliquez[86], hélas ! ce que disent ces pleurs.

MÉLICERTE
Rien ne me servirait de vous le faire entendre[87].

MYRTIL
Devez-vous rien avoir que je ne doive apprendre ?
405   Et ne blessez-vous pas notre amour aujourd'hui,
De vouloir me voler ma part de votre ennui ?
Ah ! ne le cachez point à l'ardeur qui m'inspire.

---

83 Diérèse.
84 Sens fort de *ennui* : chagrin, tourment, désespoir.
85 Toujours le sens fort de *charmes* comme de *charmer*. Voir la note au vers
     75, et les multiples occurrences du mot *charme(s)*.
86 Et expliquez-moi.
87 De vous l'apprendre et de vous le faire comprendre.

MÉLICERTE

Eh bien ! Myrtil, eh bien ! il faut donc vous le dire.
J'ai su que, par un choix plein de gloire pour vous,
410   Éroxène et Daphné vous veulent pour époux ;
Et je vous avouerai que j'ai cette faiblesse
De n'avoir pu, Myrtil, le savoir sans tristesse,
Sans accuser du sort la rigoureuse loi,
Qui les rend dans leurs vœux préférables à moi.

MYRTIL

415   Et vous pouvez l'avoir, cette injuste tristesse !
Vous pouvez soupçonner mon amour de faiblesse,
Et croire qu'engagé par des charmes si doux,
Je puisse être jamais à quelque autre qu'à vous ?
Que je puisse accepter une autre main offerte ?
420   Hé ! que vous ai-je fait, cruelle Mélicerte,
Pour traiter ma tendresse avec tant de rigueur,
Et faire un jugement si mauvais de mon cœur ?
Quoi ? faut-il que de lui vous ayez quelque crainte ?
Je suis bien malheureux de souffrir cette atteinte.
425   Et que me sert d'aimer comme je fais, hélas !   [253]
Si vous êtes si prête à ne le croire pas ?

MÉLICERTE

Je pourrais moins, Myrtil redouter ces rivales,
Si les choses étaient de part et d'autre égales,
Et dans un rang pareil j'oserais espérer
430   Que peut-être l'amour me ferait préférer ;
Mais l'inégalité de bien et de naissance,
Qui peut d'elles à moi faire la différence...

MYRTIL

Ah ! leur rang de mon cœur ne viendra point à bout,

Et vos divins appas vous tiennent lieu de tout.
435 Je vous aime, il suffit ; et dans votre personne
Je vois rang, biens, trésors, États, sceptres, couronne ;
Et des rois les plus grands m'offrît-on le pouvoir,
Je n'y changerais pas le bien de vous avoir.
C'est une vérité toute sincère et pure,
440 Et pouvoir en douter est me faire une injure.

MÉLICERTE

Eh bien ! je crois, Myrtil, puisque vous le voulez,
Que vos vœux par leur rang ne sont point ébranlés ;
Et que, bien qu'elles soient nobles, riches et belles,
Votre cœur m'aime assez pour me mieux aimer
                                        [qu'elles.
445 Mais ce n'est pas l'amour dont vous suivez la voix :
Votre père, Myrtil, réglera votre choix ;
Et de même qu'à vous je ne lui suis pas chère,
Pour préférer à tout une simple bergère[88].

MYRTIL

Non, chère Mélicerte, il n'est père ni dieux
450 Qui me puisse forcer à quitter vos beaux yeux ;
Et toujours de mes vœux reine comme vous
                                        [êtes... [254]

MÉLICERTE

Ah ! Myrtil, prenez garde à ce qu'ici vous faites.
N'allez point présenter un espoir à mon cœur,
Qu'il recevrait peut-être avec trop de douceur,
455 Et qui, tombant après comme un éclair qui passe,
Me rendrait plus cruel le coup de ma disgrâce.

---

88 Comprendre : votre père ne m'aime pas comme vous m'aimez, et il ne
préférera pas choisir comme bru une simple bergère.

MYRTIL

Quoi ? faut-il des serments appeler le secours,
Lorsque l'on vous promet de vous aimer toujours ?
Que vous vous faites tort par de telles alarmes,
460   Et connaissez bien peu le pouvoir de vos charmes !
Eh bien ! puisqu'il le faut, je jure par les dieux,
Et si ce n'est assez, je jure par vos yeux,
Qu'on me tuera plutôt que[89] je vous abandonne.
Recevez-en ici la foi que je vous donne,
465   Et souffrez que ma bouche avec ravissement
Sur cette belle main en signe le serment[90].

MÉLICERTE

Ah ! Myrtil, levez-vous, de peur qu'on ne vous voie.

MYRTIL

Est-il rien… ? Mais, ô Ciel ! on vient troubler ma
[joie.

Scène 4   [255]
LYCARSIS, MYRTIL, MÉLICERTE

LYCARSIS

Ne vous contraignez pas pour moi.

---

89   L'adverbe d'intensité *plutôt* forme avec *que* une locution conjonctive
     introduisant une proposition comparative. Mais il faut se souvenir qu'au
     début du siècle et chez Malherbe encore, *plutôt que* a le sens temporel de
     avant que ; il doit en rester quelque chose ici.
90   Myrtil se jette aux genoux de Mélicerte et lui saisit la main pour la
     baiser.

MÉLICERTE

Quel sort
[fâcheux[91] !

LYCARSIS

470   Cela ne va pas mal ; continuez tous deux.
Peste ! mon petit fils, que vous avez l'air tendre,
Et qu'en maître déjà vous savez vous y prendre !
Vous a-t-il, ce savant qu'Athènes exila,
Dans sa philosophie appris ces choses-là[92] ?
475   Et vous, qui lui donnez de si douce manière
Votre main à baiser, la gentille bergère,
L'honneur[93] vous apprend-il ces mignardes[94] douceurs,
Par qui vous débauchez ainsi les jeunes cœurs ?

MYRTIL

Ah ! quittez de ces mots l'outrageante bassesse,
480   Et ne m'accablez point d'un discours qui la blesse.

LYCARSIS

Je veux lui parler. Toutes ces amitiés[95]…

MYRTIL

Je ne souffrirai point que vous la maltraitiez.
À du respect pour vous la naissance m'engage[96] ;
Mais je saurai sur moi vous punir de l'outrage.

---

91 Exclamation évidemment prononcée en *a parte*.
92 C'est l'Athénien qui, pendant les vingt mois qu'il resta en Thessalie,
enseigna sa philosophie au jeune Myrtil, qu'il trouvait vif d'esprit (voir
I, 4, vers 196 et suivants).
93 L'honneur des filles, qui doit préserver leur pudeur.
94 *Mignard* : gracieux, délicat. Pas de nuance péjorative dans la langue du
XVIIᵉ siècle ; mais dans le discours de Lycarsis, il y a de la moquerie.
95 Toutes ces manifestations d'amour.
96 À titre de fils, je dois vous respecter.

485   Oui, j'atteste le Ciel que si, contre mes vœux, [256]
       Vous lui dites encor le moindre mot fâcheux,
       Je vais avec ce fer, qui m'en fera justice,
       Au milieu de mon sein, vous chercher un supplice,
       Et par mon sang versé lui marquer promptement
490   L'éclatant désaveu de votre emportement.

                         MÉLICERTE
       Non, non, ne croyez pas qu'avec art[97] je l'enflamme,
       Et que mon dessein soit de séduire son âme.
       S'il s'attache à me voir, et me veut quelque bien,
       C'est de son mouvement ; je ne l'y force en rien.
495   Ce n'est pas que mon cœur veuille ici se défendre
       De répondre à ses vœux d'une ardeur assez tendre.
       Je l'aime, je l'avoue, autant qu'on puisse aimer ;
       Mais cet amour n'a rien qui vous doive alarmer ;
       Et pour vous arracher toute injuste créance[98],
500   Je vous promets ici d'éviter sa présence,
       De faire place au choix où vous vous résoudrez,
       Et ne souffrir ses vœux que quand vous le voudrez.

                         Scène 5
                    LYCARSIS, MYRTIL

                         MYRTIL
       Eh bien ! vous triomphez avec cette retraite[99],
       Et dans ces mots votre âme a ce qu'elle souhaite ;
505   Mais apprenez qu'en vain vous vous réjouissez,
       Que vous serez trompé dans ce que vous pensez,

---

97   *Avec art* : avec habileté, adresse, par artifice.
98   *Injuste créance* : opinion, conviction injustifiée.
99   Avec ce départ. Mélicerte vient de se retirer brutalement.

Et qu'avec tous vos soins, toute votre puissance,   [257]
Vous ne gagnerez rien sur ma persévérance.

LYCARSIS

Comment ? à quel orgueil, fripon, vous vois-je aller ?
510   Est-ce de la façon[100] que l'on me doit parler ?

MYRTIL

Oui, j'ai tort, il est vrai, mon transport[101] n'est pas
                                                    [sage ;
Pour rentrer au devoir, je change de langage,
Et je vous prie ici, mon père, au nom des dieux,
Et par tout ce qui peut vous être précieux,
515   De ne vous point servir, dans cette conjoncture,
Des fiers[102] droits que sur moi vous donne la nature ;
Ne m'empoisonnez point vos bienfaits les plus doux.
Le jour est un présent que j'ai reçu de vous ;
Mais de quoi vous serai-je aujourd'hui redevable,
520   Si vous me l'allez rendre, hélas ! insupportable ?
Il[103] est, sans Mélicerte, un supplice à mes yeux ;
Sans ses divins appas rien ne m'est précieux ;
Ils font tout mon bonheur et toute mon envie ;
Et si vous me l'ôtez, vous m'arrachez la vie.

LYCARSIS[104]

525   Aux douleurs de son âme il me fait prendre part.
Qui l'aurait jamais cru de ce petit pendard ?

---

100 Est-ce de cette façon.
101 La manifestation de ma rébellion pour défendre mon amour.
102 *Fier* : cruel, rigoureux.
103 *Il* : le jour, la vie que lui a donnée, croit-il, Lycarsis.
104 Lycarsis va prononcer quatre vers en *a parte*.

Quel amour! quels transports! quels discours pour
[son âge!
J'en suis confus, et sens que cet amour m'engage[105].

MYRTIL[106]

Voyez, me voulez-vous ordonner de mourir?
530   Vous n'avez qu'à parler, je suis prêt d'obéir.

LYCARSIS

Je ne puis plus tenir; il m'arrache des larmes,
Et ces tendres propos me font rendre les armes.

MYRTIL   [Tome VII Y] [258]

Que si dans votre cœur un reste d'amitié[107]
Vous peut de mon destin donner quelque pitié,
535   Accordez Mélicerte à mon ardente envie,
Et vous ferez bien plus que me donner la vie.

LYCARSIS

Lève-toi.

MYRTIL

Serez-vous sensible à mes soupirs?

LYCARSIS

Oui.

MYRTIL

J'obtiendrai de vous l'objet de mes désirs?

---

105 M'entraîne, me touche.
106 Myrtil se jette aux genoux de Lycarsis, qui réagira encore en *a parte*.
107 Un reste d'affection paternelle.

LYCARSIS

Oui.

MYRTIL

Vous ferez pour moi que son oncle l'oblige
540 À me donner sa main ?

LYCARSIS

Oui. Lève-toi, te dis-je.

MYRTIL

Ô père, le meilleur qui jamais ait été,
Que je baise vos mains après tant de bonté !

LYCARSIS

Ah ! que pour ses enfants un père a de faiblesse !
Peut-on rien refuser[108] à leurs mots de tendresse ?
545 Et ne se sent-on pas certains mouvements doux,
Quand on vient à songer que cela sort de vous ?

MYRTIL

Me tiendrez-vous au moins la parole avancée ?
Ne changerez-vous point, dites-moi, de pensée ?

LYCARSIS

Non.

MYRTIL

Me permettrez-vous de vous désobéir,
550 Si de ces sentiments on vous fait revenir ?
Prononcez le mot.

---

108 Peut-on refuser quelque chose.

LYCARSIS   [259]

Oui. Ah ! nature, nature[109] !
Je m'en vais trouver Mopse, et lui faire ouverture[110]
De l'amour que sa nièce et toi vous vous portez.

MYRTIL

Ah ! que ne dois-je point à vos rares bontés[111] !
555   Quelle heureuse nouvelle à dire à Mélicerte !
Je n'accepterais pas une couronne offerte,
Pour le plaisir que j'ai de courir lui porter
Ce merveilleux succès[112] qui la doit contenter.

Scène 6
ACANTE, TYRÈNE, MYRTIL

ACANTE

Ah ! Myrtil, vous avez du Ciel reçu des charmes
560   Qui nous ont préparé des matières de larmes,
Et leur naissant éclat, fatal à nos ardeurs,
De ce que nous aimons nous enlève les cœurs.

TYRÈNE

Peut-on savoir, Myrtil, vers qui de ces deux belles[113]
Vous tournerez ce choix dont courent les nouvelles,
565   Et sur qui doit de nous tomber[114] ce coup affreux
Dont se voit foudroyé tout l'espoir de nos vœux ?

---

109 Cette exclamation marque en Lycarsis le triomphe de la paternité, de
sa nature de père (ou cru tel !).
110 Et lui faire connaître.
111 Lycarsis quitte alors la scène, et Myrtil y reste seul.
112 Étonnante (*merveilleux*) issue (*succès*).
113 Daphné et Éroxène.
114 Et sur qui de nous doit tomber.

ACANTE

Ne faites point languir deux amants davantage,
Et nous dites quel sort votre cœur nous partage[115].

TYRÈNE   [Y ij] [260]

Il vaut mieux, quand on craint ces malheurs
[éclatants,
570 En mourir tout d'un coup, que traîner si longtemps.

MYRTIL

Rendez, nobles bergers, le calme à votre flamme :
La belle Mélicerte a captivé mon âme ;
Auprès de cet objet mon sort est assez doux,
Pour ne pas consentir à rien prendre sur vous ;
575 Et si vos vœux enfin n'ont que les miens à craindre,
Vous n'aurez, l'un ni l'autre, aucun lieu de vous
[plaindre.

ACANTE

Ah ! Myrtil, se peut-il que deux tristes amants… ?

TYRÈNE

Est-il vrai que le Ciel, sensible à nos tourments… ?

MYRTIL

Oui, content de mes fers comme d'une victoire,
580 Je me suis excusé de ce choix plein de gloire[116] ;
J'ai de mon père encor changé les volontés,
Et l'ai fait consentir à mes félicités.

---

115 Et dites-nous quel sort votre cœur nous réserve en partage.
116 Comprendre : satisfait comme d'une victoire d'être enchaîné par mon
     amour pour Mélicerte, j'ai refusé la gloire de choisir une des deux
     nymphes pour épouse.

ACANTE

Ah! que cette aventure est un charmant miracle,
Et qu'à notre poursuite[117] elle ôte un grand obstacle!

TYRÈNE

585 Elle peut renvoyer ces Nymphes à nos vœux[118],
Et nous donner moyen d'être contents tous deux.

Scène 7
NICANDRE, MYRTIL, ACANTE, TYRÈNE

NICANDRE

Savez-vous en quel lieu Mélicerte est cachée?

MYRTIL   [261]

Comment?

NICANDRE

En diligence elle est partout cherchée.

MYRTIL

Et pourquoi?

NICANDRE

Nous allons perdre cette beauté.
590 C'est pour elle qu'ici le roi s'est transporté;
Avec un grand seigneur on dit qu'il la marie.

MYRTIL

Ô Ciel! Expliquez-moi ce discours, je vous prie.

_____

117 La poursuite que nous faisons du cœur et de la main des deux nymphes.
118 Cette aventure – le choix, accepté, de Myrtil en faveur de Mélicerte – va
     permettre aux nymphes d'être favorables à nos vœux.

NICANDRE

Ce sont des incidents grands et mystérieux.
Oui, le roi vient chercher Mélicerte en ces lieux ;
595   Et l'on dit qu'autrefois feu Bélise, sa mère,
Dont tout Tempé croyait que Mopse était le frère…
Mais je me suis chargé de la chercher partout.
Vous saurez tout cela tantôt de bout en bout.

MYRTIL

Ah, dieux ! quelle rigueur ! Hé ! Nicandre, Nicandre !

ACANTE

600   Suivons aussi ses pas, afin de tout apprendre.

Fin du second acte.

*Cette comédie n'a point été achevée ; il n'y avait
que ces deux actes de faits lorsque le roi la demanda.
Sa Majesté en ayant été satisfaite pour la fête où elle fut
représentée, le sieur de Molière ne l'a point finie.*

PASTORALE COMIQUE

INTRODUCTION

À partir de janvier 1667, c'est donc une *Pastorale comique* que Molière, censément, selon La Grange, proposa pour la troisième entrée du *Ballet des Muses*. Comme *Mélicerte*, c'est une nouvelle variation sur le genre de la pastorale. Deux riches et vieux pasteurs tâchent, en vain, de se faire aimer d'une jeune bergère : Iris rebute les deux rivaux caducs, Lycas (qui a son confident en la personne du jeune berger Coridon) et Filène ; un jeune berger enjoué vient consoler les deux barbons éconduits. Ajoutez à cela des magiciens auxquels recourt Lycas, et une Égyptienne qui vient, pour finir, chanter l'amour, accompagnée d'une douzaine de joyeux danseurs qui font résonner guitares (parmi ceux-là Lully et Beauchamp, qui eurent par ailleurs un rôle considérable dans la réalisation du spectacle), castagnettes et gnacares (qui sont des sortes de petites cymbales). Variation comique, comme dit le titre, et même burlesque, après l'humour et la raillerie fine de *Mélicerte*.

LE GENRE

Comment apprécier ce petit spectacle de quinze scènes ?
Il ne nous reste que ce qu'en dit le livret du *Ballet des Muses*
et, heureusement, la partition de Lully.

Le livret donne d'abord le nom des acteurs. Les personnages cités dans cette liste sont tantôt des acteurs, tantôt des
chanteurs, les danseurs n'étant nommés que plus tard, lors
de leurs interventions. Iris est la de Brie, Lycas est Molière
et Coridon La Grange ; Filène et le berger enjoué sont les
chanteurs bien connus Destival et Blondel. La *Pastorale
comique* mêle donc déjà la parole et le chant. Mais un acteur
peut chanter. C'est le cas de Molière, dont on est sûr qu'il
savait chanter sur scène et dont la voix évoluait dans le
registre de nos modernes barytons. Ici, à la scène 3, dans
sa confrontation avec Filène, Lycas-Molière donne quelques
répliques sans doute proches du récitatif ; à la scène 13, quand
les deux vieux galants ont été rebutés, le livret indique qu'ils
« chantent ensemble leur désespoir ». Là encore, Molière a dû
outrepasser la simple parole pour s'approcher d'un récitatif
sur la basse continue qui se poursuivait sans interruption[1].

La *Pastorale comique* fait ainsi alterner le parlé et le chanté,
des scènes parlées et dialoguées avec des scènes musicales
et chantées. Et n'oublions pas la danse : des magiciens
chantent, d'autres dansent ; l'Égyptienne finale danse en
chantant et la douzaine de ses compagnons joyeux dansent
en jouant de leurs instruments de musique.

---

1   Pour l'analyse de la partition, voir les indications contenues dans la
    notice due à Bénédicte Louvat-Molozay et Anne Piéjus, p. 1489-1491 et
    1493-1496 du t. I des *Œuvres complètes* de Molière, 2010, pour la nouvelle
    édition de la Pléiade.

L'alliance de la parole, de la musique et de la danse ? C'est ce que nous appelons une comédie-ballet[2]. Mais la *Pastorale comique* représente l'aboutissement ultime d'une tendance ou d'une tentation des trois artistes – Molière le dramaturge, Lully le musicien et Beauchamp le chorégraphe – œuvrant ensemble aux comédies-ballets : celle du passage à l'opéra-comique. À lire le *libretto*, on se demande si la comédie n'a pas perdu dans cette affaire son rôle recteur, organisateur, primordial en un mot, comme soubassement essentiel des divertissements – à quoi tenait particulièrement Molière. Si la *Pastorale comique* était encore une comédie-ballet, elle marquait en tout cas la limite du genre, et la tentative resta sans lendemain.

UN PETIT OPÉRA BOUFFE

Le livret publié par l'imprimeur Ballard laisse très insatisfait. Tantôt il énumère les scènes en se contentant d'indiquer les interlocuteurs, tantôt il précise un sentiment ou une action ; tantôt il nous donne les paroles chantées et le texte des airs. Mais le fil de l'intrigue se rétablit assez aisément. Et éclate la volonté de dérision ; Molière et Lully ont agencé une pastorale *comique*. Cette nouvelle variation sur la pastorale est bien une parodie du genre de la pastorale.

Les deux vieux bergers amoureux nous plongent en plein burlesque. À commencer par la cérémonie magique de la scène 2, au cours de laquelle Lycas compte sur les magiciens pour être rendu plus séduisant. La cérémonie magique est

---

2   Voir Charles Mazouer, *Molière et ses comédies-ballets*, nouvelle édition revue et corrigée, 2006, *passim*.

bien un *topos* de la pastorale, mais ici parodié et tourné en dérision. Les magiciens commencent par invoquer Vénus, de manière plaisante et peu respectueuse, pour qu'elle répande quelques appas sur le laid « museau tondu tout frais » de Lycas, avant de déchaîner leur moquerie sur le galant hors de saison en deux jolies strophes de dix vers chacune, qui jouent sur le *o* puis sur le *i* : « Ah ! qu'il est beau / Le jouvenceau ! […] Ah ! qu'il est beau ! ah ! qu'il est beau. / Ho, ho, ho, ho, ho, ho. » ; à quoi répond : « Qu'il est joli, / Gentil, poli ! / Qu'il est joli ! qu'il est joli ! / Hi, hi, hi, hi, hi, hi. » Comique du verbe et comique musical : le parolier, qui mêle plusieurs sortes de vers (de 4, 6 ou 8 syllabes), et le musicien s'en donnèrent à cœur joie.

Le conflit entre les deux vieux rivaux amoureux de la même jeune bergère (sous-jacent, encore un *topos* de la pastorale) débouche sur un cartel et, à la scène 7, sur un duel burlesque, pour dégénérer en pugilat (« Allons, il faut mourir », s'encouragent-ils, Filène en chantant, Lycas en parlant). On devine leurs ridicules déclarations faites à Iris, qui les chasse. Et leur désespoir qu'ils veulent tragique, les entraîne à vouloir mourir, à la scène 13, écrite en vers complètement morcelés, où ils se renvoient leurs exclamations de douleur amébées et s'encouragent à la mort ; mais chacun laisse la primauté du suicide à l'autre, avant que le berger enjoué ne les console !

Bon comique que tout cela, et qui réside souvent plus dans les situations, dans les paroles et dans le ton, que dans la musique elle-même.

Qu'elle chante, quand elle est prise au sérieux, le martyre émouvant de quelque berger refusé, ou qu'elle se moque, comme ici, de vieux et laids bergers qui méritent leur échec, la pastorale, chez Molière, s'achève toujours dans la joie, et très précisément par un appel à l'amour et au plaisir. Le second air de l'Égyptienne de la dernière scène reprend cette leçon épicurienne en deux strophes, qui mêlent quelques octosyllabes et quelques décasyllabes au vers impair de 9 syllabes qui s'impose, avec la succession régulière de ses mesures ternaires. Hâtons-nous, ma Sylvie, profitons de nos belles années pour aimer ! N'attendons pas que l'âge nous glace, comme ces deux bergers amoureux hors de saison, car les beaux jours ne reviennent jamais, mais cherchons tous les jours à nous plaire, avec empressement, et

> Du plaisir faisons notre affaire.

LE TEXTE

La *Pastorale comique* n'est connue que par ce qu'en dit le livret du *Ballet des Muses*, à la troisième entrée. Comme le ballet lui-même, ce livret fut évolutif et Ballard en fit imprimer, datées de la même année 1666, cinq éditions successives, avec des paginations variables ; on en trouvera le détail dans le manuel d'Albert-Jean Guibert, *Bibliographie des œuvres de Molière imprimées au XVIIᵉ siècle*, 1961, au t. II. La *Pastorale comique* apparaît à partir de la deuxième édition du livret ; mais nous suivons le texte de la troisième, dont les 52 pages sont en pagination continue. Voici cette édition :

BALLET / DES MVSES. / Dansé par sa Majesté à son Cha- / steau de S. Germain en Laye / le 2. Decembre 1666. / A PARIS, / Par ROBERT BALLARD, seul Imprimeur du Roy / pour la Musique. / M. DC. LXVI. / Auec Privilege de sa Majesté. In-4 de 52 pages.

Exemplaires à la BnF (RES-YF-1561), à l'Arsenal (4-BL-3769 (13)) et à la Bibliothèque-Musée de l'Opéra (RES-959 (85)).

La *Pastorale comique* se trouve aux pages 7 à 18. Bien évidemment, nous ne nous contentons pas de donner le *libretto* de la seule *Pastorale comique*, mais nous reproduisons la totalité du livret du *Ballet des Muses*, avec ses XIII entrées suivies des « Vers sur la personne et le personnage de ceux qui dansent au ballet ». Le lecteur pourra donc se faire une idée plus exacte de cette grande fête qui servit de cadre aux œuvres théâtrales de Molière.

LA PARTITION

Pour la musique du *Ballet des Muses* composée par Lully, nous avons la copie manuscrite d'André Danican Philidor, réalisée vers 1690 : *Ballet des Muses dansé devant le Roy a St Germain en Laye en 1666. Fait pas Mr de Lully, surintendant de la Musique de la Chambre*, 104 pages ; elle est conservée à la BnF (département de la musique : Rés. F. 521) et numérisée sur Gallica (NUMM-103673). Mais la source principale reste F-V-Ms.mus.86 pour tous les éditeurs modernes, en particulier pour ceux des *Œuvres complètes* de Jean-Baptiste Lully, chez Olms. Notre *Ballet des Muses*, édité par Noam Krieger, se trouvera dans la Série I : *Ballets et mascarades*, au vol. 8 (à paraître).

BIBLIOGRAPHIE COMPLÉMENTAIRE

MOREL, Jacques, *Agréables Mensonges. Essais sur le théâtre français du XVIIe siècle*, Paris, Klincksieck, 1991, p. 315-326.

MAZOUER, Charles, « Pastorale e commedia fino a Molière », [in] *Teatri barocchi. Tragedie, commedie, pastorali nella drammaturgia europea fra '500 e '600*, a cura di Silvia Carandini, Roma, Bulzoni 2000, p. 469-486.

MAZOUER, Charles, *Molière et ses comédies-ballets*, nouvelle édition revue et corrigée, Paris, Champion, 2006, *passim*.

MAZOUER, Charles, *Le Théâtre français de l'âge classique. II : L'apogée du classicisme*, Paris, Champion, 2010, p. 187-194.

DISCOGRAPHIE

Il n'existe évidemment aucun enregistrement intégral du *Ballet des Muses* ; les quelques références suivantes ne donnent que des extraits, généralement la scène 2 de la *Pastorale comique* :

LULLY-MOLIÈRE, *Psyché, Le Bourgeois gentilhomme, George Dandin, La Pastorale comique, comédies-ballets de Molière*, Jean-Claude Malgloire et la Grande écurie & la Chambre du Roy, disque vinyle (CBS, 1974).

LULLY-MOLIÈRE, *Les Comédies-ballets*, Marc Minkowski et les musiciens du Louvre, 1 CD (Érato, 1988) (scène 2 de la *Pastorale comique*). Repris en 1999 et 2007 dans le coffret de 2 CD (*Les Comédies-ballets* et *Phaéton*).

BALLET
DES MUSES

Dansé par Sa Majesté
à son château de S. Germain-en-Laye
le 2 décembre 1666.

À PARIS,

Par ROBERT BALLARD,
seul imprimeur du Roy
pour la Musique.

M. DC. LXVI.

Avec Privilège de Sa Majesté.

BALLET DES MUSES

ARGUMENT

Les Muses, charmées de la glorieuse réputation de notre monarque, et du soin que Sa Majesté prend de faire fleurir tous les arts dans l'étendue de son empire, quittent le Parnasse pour venir à sa cour.

Mnémosyne[1] qui, dans les grandes images qu'elle conserve de l'Antiquité, ne trouve rien d'égal à cet auguste prince, prend l'occasion du voyage de ses filles pour contenter le juste désir qu'elle a de le voir ; et lorsqu'elles arrivent ici, fait avec elles l'ouverture du théâtre par le dialogue qui suit.

DIALOGUE
DE MNÉMOSYNE
ET DES MUSES

MNÉMOSYNE[2]
Enfin, après tant de hasards[3]
Nous découvrons les heureuses provinces
Où le plus sage et le plus grand des princes

---

1   Dans la marge : *C'est la Mémoire.*
2   Dans la marge : *Mlle Hilaire.*
3   *Hasard* : danger.

> *Fait assembler de toutes parts*
> *La gloire, les vertus, l'abondance et les arts.*

LES MUSES
> *Rangeons-nous sous ses lois ;*
> *Il est beau de les suivre :*
> *Rien n'est si doux que de vivre*
> *À la cour de LOUIS, le modèle des ROIS.*

MNÉMOSYNE
> *Vivant sous sa conduite,*
> *Muses, dans vos concerts*
> *Chantez ce qu'il a fait, chantez ce qu'il médite,*
> *Et portez-en le bruit[4] au bout de l'univers.*
> *Dans ce récit charmant faites sans cesse entendre*
> *À l'empire français ce qu'il doit espérer,*
> *Au monde entier ce qu'il doit admirer,*   [5]
> *Aux rois ce qu'ils doivent apprendre.*

MNÉMOSYNE
> *Rangeons-nous sous ses lois :*
> *Il est beau de les suivre :*
> *Rien n'est si doux que de vivre*
> *À la cour de LOUIS, le plus parfait des ROIS.*

Tous les arts établis déjà dans le royaume (s'étant assemblés de mille endroits pour recevoir plus dignement ces doctes filles de Jupiter[5], auxquelles ils croient devoir leur origine) prennent résolution de faire en faveur de chacune

---

4   *Bruit* : renom, renommée.
5   Jupiter s'unit à Mnémosyne en Piérie, pendant neuf nuits de suite ; au bout d'un an naquirent neuf filles, les Muses. Les neuf sœurs, chanteuses divines, président à la pensée, sous toutes ses formes ; chaque art se réclame du patronage de l'une d'elle.

d'elles une entrée particulière. Après quoi, pour les honorer toutes ensemble, ils représentent la célèbre victoire qu'elles remportèrent autrefois sur les neuf filles de Piérus[6].

LES NEUF SŒURS

Muses chantantes : MM. Le Gros, Fernon l'aîné, Fernon le jeune, Lange, Cottereau, Saint-Jean et Buffeguin[7], pages de la musique de la chambre ; Auger et Luden, pages de la chapelle.

Les sept arts : MM. Hédouin, Destival, Gingan, Blondel, Rebel, Magnan, et Gaye.

PREMIÈRE ENTRÉE   [B] [6]

Pour Uranie, à qui l'on attribue la connaissance des cieux[8], on représente les sept planètes, de qui l'on contrefait l'éclat par les brillants habits dont les danseurs sont revêtus.

Les sept planètes, le soleil, Jupiter,
Mercure, Vénus, la lune, Mars, et Saturne.

Le soleil : M. Cocquet. *Jupiter* : Du Pron. *Mercure* :
Saint-André.
Vénus : Des-Airs l'aîné. *La lune* : Des-Airs galant.

---

6   Selon la légende, les Piérides étaient les filles de Piérus. Habiles au chant, ces neuf jeunes filles voulurent rivaliser avec les Muses ; elles furent vaincues dans le concours de chant engagé sur l'Hélicon, et, pour les punir, les Muses les transformèrent en oiseaux.

7   Ou *Buffequin*.

8   Uranie est la muse de l'astronomie.

Mars : M. de Souville. *Saturne* : Noblet l'aîné.

II° ENTRÉE

Pour honorer Melpomène qui préside à la tragédie, l'on fait paraître Pyrame et Thisbé, qui ont servi de sujet à l'une de nos plus anciennes pièces de théâtre[9].

Pyrame et Thisbé.

Pyrame : M. le Grand[10].
Thisbé : le marquis de Mirepoix.

III° ENTRÉE   [7]

Thalie, à qui la comédie est consacrée, a pour son partage une pièce comique représentée par les Comédiens du Roi[11], et composée par celui de tous nos poètes, qui, dans ce genre d'écrire, peut le plus justement se comparer aux anciens.

---

9   Il s'agit des *Amours tragiques de Pyrame et Thisbé*, tragédie de Théophile de Viau, publiée en 1621, mais constamment reprise et republiée.
10 C'est le grand écuyer de France, à cette date Louis de Lorraine, comte d'Armagnac.
11 Dans la marge : *Molière et sa troupe.*

PASTORALE COMIQUE

NOMS DES ACTEURS

IRIS, jeune bergère	*Mlle de Brie.*
LYCAS, riche pasteur	*Molière*[12].
FILÈNE, riche pasteur	*Destival*[13].
CORIDON, jeune berger	*La Grange.*
BERGER enjoué	*Blondel.*
UN PÂTRE	*Chasteau-Neuf.*

La première scène est entre Lycas, riche pasteur, et Coridon, son confident.

La seconde scène est une cérémonie magique de chantres et danseurs[14]. [8]

Les deux Magiciens dansants sont :
Les sieurs La Pierre et Favier.

---

12   Il est notable que, si à la scène 7, Lycas se contente de parler pour répondre à Filène, aux scènes 3 et 13, Lycas chante avec lui ; Molière était en effet fort capable de tenir sa partie dans un duo chanté.

13   Ou *d'Estival.* – D'une manière générale, pas plus pour cette troisième entrée que pour les autres, nous n'annoterons le texte en ce qui concerne les personnages historiques, chanteurs, musiciens et danseurs. On pourra se reporter déjà à l'édition des Grands Écrivains de la France, t. VI, p. 187-204.

14   Nous donnons, successivement, le texte du livret, puis la partition correspondante de Lully, qui divise cette scène en deux entrées.

Les trois Magiciens assistants et chantants sont :
MM. Le Gros, Don et Gaye.

Ils chantent.

> *Déesse des appas,*
> *Ne nous refuse pas*
> *La grâce qu'implorent nos bouches,*
> *Nous t'en prions par tes rubans,*
> *Par tes boucles de diamants,*
> *Ton rouge, ta poudre, tes mouches,*
> *Ton masque[15], ta coiffe et tes gants.*

> *Ô toi qui peut rendre agréables*
> *Les visages les plus mal faits,*
> *Répands, Vénus, de tes attraits*
> *Deux ou trois doses charitables*
> *Sur ce museau tondu tout frais.*

> *Déesse des appas,*
> *Ne nous refuse pas*
> *La grâce qu'implorent nos bouches,*
> *Nous t'en prions par tes rubans,*
> *Par tes boucles de diamants,*
> *Ton rouge, ta poudre, tes mouches,*
> *Ton masque, ta coiffe et tes gants*

> *Ah ! qu'il est beau*
> *Le jouvenceau,*
> *Ah ! qu'il est beau ! ah ! qu'il est beau !* [9]

---

15 Vénus possède donc tous les attributs de la coquetterie féminine, y compris les *mouches* en tissu, volontiers placées sur le visage, et le *masque*, parfois utilisé par les dames.

Qu'il va faire mourir de belles !
Auprès de lui les plus cruelles
Ne pourront tenir dans leur peau[16].
   Ah ! qu'il est beau
   Le jouvenceau !
Ah ! qu'il est beau ! ah !qu'il est beau !
  Ho, ho, ho, ho, ho, ho.

   Qu'il est joli,
   Gentil, poli[17] *!*
Qu'il est joli ! qu'il est joli !
Est-il des yeux qu'il ne ravisse ?
Il passe en beauté feu Narcisse[18]*,*
Qui fut un blondin[19] *accompli.*
   Qu'il est joli,
   Gentil, poli !
Qu'il est joli ! qu'il est joli !
  Hi, hi, hi, hi, hi, hi.

Les six Magiciens assistants et dansants sont :

Les sieurs Chicaneau, Bonard, Noblet le cadet,
  Arnald, Mayeu, et Foignard.
 La troisième scène est entre Lycas et Filène, riches pasteurs. Filène chante :

Paissez, chères brebis, les herbettes naissantes ;   [C] [10]

---

16 *Ne pouvoir tenir dans sa peau* : « Ne pas tenir, ne pas durer dans sa peau,
  ne pouvoir résister, être tourmenté par un désir », selon Littré, qui cite
  justement ce passage de Molière.
17 *Poli* : élégant, distingué.
18 Il surpasse en beauté le jeune Narcisse, qui se perdit dans la contemplation
  de sa belle image reflétée par une source.
19 Un *blondin* est un jeune élégant.

Ces prés et ces ruisseaux ont de quoi vous charmer ;
Mais si vous désirez vivre toujours contentes,

Petites innocentes,
Gardez-vous bien d'aimer.

Lycas, voulant faire des vers, nomme le nom d'Iris sa maîtresse en présence de Filène, son rival, dont[20] Filène en colère chante.

FILÈNE
Est-ce toi que j'entends, téméraire, est-ce toi
Qui nommes la beauté qui me tient sous sa loi ?

LYCAS, *répond.*
Oui, c'est moi, oui c'est moi.

FILÈNE
Oses-tu bien en aucune façon[21]
Proférer ce beau nom ?

LYCAS
Hé ! pourquoi non ? hé ! pourquoi non ?

FILÈNE
Iris charme mon âme,
Et qui pour elle aura
Le moindre brin de flamme,
Il s'en repentira.

LYCAS   [11]
Je me moque de cela,
Je me moque de cela.

---

20   À la suite de quoi, en conséquence de quoi.
21   D'une façon quelconque (valeur positive de *aucune*).

FILÈNE

Je t'étranglerai, mangerai,
Si tu nommes jamais ma belle ;
Ce que je dis je le ferai,
Je t'étranglerai, mangerai ;
Il suffit que j'en ai juré.
Quand les dieux prendraient ta querelle[22],
Je t'étranglerai, mangerai,
Si tu nommes jamais ma belle.

LYCAS

Bagatelle, bagatelle.

La quatrième scène est entre Lycas et Iris, jeune bergère, dont Lycas est amoureux.

La cinquième scène est entre Lycas et un Pâtre, qui apporte un cartel[23] à Lycas de la part de Filène, son rival.

La sixième scène est entre Lycas et Coridon.

La septième scène est entre Lycas et Filène[24]. Filène venant pour se battre chante :

Arrête, malheureux,
Tourne, tourne visage,
Et voyons qui des deux
Obtiendra l'avantage.

---

22 Ta cause.
23 Écrit qui provoque en duel.
24 Disposition identique, la partition suivant le texte du livret.

Lycas parle, et Filène reprend.   [12]

C'est par trop discourir,
Allons, il faut mourir.

La huitième scène est de huit paysans, qui, venant pour séparer Filène et Lycas, prennent querelle et dansent en se battant.

Les huit paysans sont :
Les Sieurs Dolivet, Paysan, Desonets, Du Pron,
La Pierre, Mercier, Pesan, et Le Roy[25].
La neuvième scène est entre Coridon, jeune berger, et les huit paysans qui, par les persuasions de Coridon, se réconcilient, et après s'être réconciliés dansent.

La dixième scène est entre Filène, Lycas et Coridon.

L'onzième scène est entre Iris, bergère, et Coridon, berger.

La douzième scène est entre Iris, bergère, Filène, Lycas et Coridon. Filène chante :

N'attendez pas qu'ici je me vante moi-même,
Pour le choix que vous balancez[26].
Vous avez des yeux, je vous aime ;
C'est vous en dire assez.

La treizième scène est entre Filène et Lycas qui, rebutés par la belle Iris, chantent ensemble leur désespoir.

---

25   Ce Le Roy était un danseur de profession.
26   Pour le choix qui vous laisse dans l'indécision.

FILÈNE

Hélas ! peut-on sentir de plus vive douleur ?
Nous préférer un servile[27] pasteur !
Ô Ciel !

LYCAS
Ô sort !

FILÈNE

Quelle rigueur !

LYCAS

Quel coup !

FILÈNE

Quoi ? tant de pleurs,

LYCAS

Tant de persévérance,

FILÈNE

Tant de langueur,

LYCAS

Tant de souffrance,

FILÈNE

Tant de vœux,

LYCAS

Tant de soins[28],

---

27   Qui est dans la condition de serviteur.
28   *Soins* : assiduités auprès de la personne aimée.

FILÈNE
Tant d'ardeur,

LYCAS   [D] [14]
Tant d'amour.

FILÈNE
Avec tant de mépris sont traités en ce jour.
Ah ! cruelle !

LYCAS
Cœur dur !

FILÈNE
Tigresse !

LYCAS
Inexorable.

FILÈNE
Inhumaine,

LYCAS
Inflexible,

FILÈNE
Ingrate,

LYCAS
Impitoyable.

FILÈNE
Tu veux donc nous faire mourir ?
Il te faut contenter.

LYCAS
Il te faut obéir.

FILÈNE
Mourons, Lycas,

LYCAS   [15]
Mourons, Filène.

FILÈNE
Avec ce fer finissons notre peine.

LYCAS
Pousse !

FILÈNE
Ferme !

LYCAS
Courage !

FILÈNE
Allons, va le premier.

LYCAS
Non, je veux marcher le dernier.

FILÈNE
Puisqu'un même malheur aujourd'hui nous assemble,
Allons, partons ensemble.

La quatorzième scène est d'un jeune Berger enjoué qui, venant consoler Filène et Lycas, chante :

> *Ah ! quelle folie*
> *De quitter la vie*
> *Pour une beauté*
> *Dont on est rebuté !*
> *On peut, pour un objet aimable[29],*
> *Dont le cœur nous est favorable,*
> *Vouloir perdre la clarté ;*   [16]
> *Mais quitter la vie*
> *Pour une beauté*
> *Dont on est rebuté,*
> *Ah ! quelle folie !*

La quinzième et dernière scène est d'une Égyptienne, suivie d'une douzaine de gens, qui, ne cherchant que la joie, dansent avec elle aux chansons qu'elle chante agréablement. En voici les paroles :

PREMIER AIR

> *D'un pauvre cœur*
> *Soulagez le martyre,*
> *D'un pauvre cœur*
> *Soulagez la douleur.*
> *J'ai beau vous dire*
> *Ma vive ardeur,*
> *Je vous vois rire*
> *De ma langueur.*
> *Ah ! cruelle, j'expire*
> *Sous tant de rigueur ;*
> *D'un pauvre cœur*
> *Soulagez le martyre,*
> *D'un pauvre cœur*

---

29   *Aimable* : digne d'être aimé.

Soulagez la douleur.

SECOND AIR [17]

Croyez-moi, hâtons-nous, ma Sylvie,
Usons bien des moments précieux,
Contentons ici notre envie,
De nos ans le feu nous y convie.
Nous ne saurions vous et moi faire mieux.
Quand l'hiver a glacé nos guérets[30],
Le printemps vient reprendre sa place,
Et ramène à nos champs leurs attraits ;
Mais hélas ! quand l'âge nous glace,
Nos beaux jours ne reviennent jamais.
Ne cherchons tous les jours qu'à nous plaire,
Soyons-y l'un et l'autre empressés,
Du plaisir faisons notre affaire,
Des chagrins songeons à nous défaire ;
Il vient un temps où l'on en prend assez.
Quand l'hiver a glacé nos guérets,
Le printemps vient reprendre sa place,
Et ramène à nos champs leurs attraits ;
Mais hélas ! quand l'âge nous glace,
Nos beaux jours ne reviennent jamais.

L'Égyptienne qui danse et chante est [E] [18]
Noblet l'aîné.

Les douze dansants sont quatre jouant de la guitare :
M. de Lully, MM. Beauchamp,
Chicaneau, et Vagnart.

---

30 Un *guéret* est une terre non ensemencée, labourée au printemps et en été pour recevoir les semailles d'automne. En poésie, les *guérets* signifient simplement des champs cultivés.

Quatre jouant des castagnettes :
Les sieurs Favier, Bonard,
S. André, et Arnald.

Quatre jouant des gnacares :
MM. La Marre, Des-Airs second,
Du Feu et Pesan.

IVᵉ ENTRÉE　　　　　　　　[19]

En l'honneur d'Euterpe, Muse pastorale[31], quatre Bergers et quatre Bergères dansent au chant de plusieurs autres sur des chansons en forme de dialogue.

Iᵒ CHANSON SUR UN AIR DE GAVOTTE

UN BERGER *chante les deux premiers vers,*
et LE CHŒUR *les répète.* M. FERNON.
　　Vous savez l'amour extrême
　　Que j'ai pris dans vos beaux yeux.

LE BERGER *continue.*
　　Hâtez-vous d'aimer de même,
　　Les moments sont précieux ;
　　Tôt ou tard il faut qu'on aime,
　　Et le plus tôt c'est le mieux.

LE CHŒUR *répète.*

31　Euterpe protège l'art de la flûte.

UN AUTRE BERGER *chante.* M. LE GROS.
> *En douceurs l'amour abonde,*
> *Tout se rend à ses appâts.*

LE CHŒUR *répète ces deux vers.*

LE BERGER *continue.* [20]
> *On ressent ses feux dans l'onde,*
> *Et dans les plus froids climats ;*
> *Il n'est rien qui n'aime au monde,*
> *Pourquoi n'aimeriez-vous pas ?*

LE CHŒUR *répète.*

IIe CHANSON SUR UN AIR DE MENUET

UN BERGER *chante les deux premiers vers,*
et LE CHŒUR *les répète.* M. FERNON
> *Vivons heureux, aimons-nous, bergère ;*
> *Vivons heureux, aimons-nous.*

LE BERGER *continue.*
> *Dans un endroit solitaire*
> *Fuyons les yeux des jaloux.*

LE CHŒUR
> *Vivons heureux, aimons-nous, bergère ;*
> *Vivons heureux, aimons-nous.*

LE BERGER [21]
> *Dansons dessus la fougère,*
> *Jouons aux jeux les plus doux.*

LE CHŒUR
Vivons heureux, aimons-nous, bergère ;
Vivons heureux, aimons-nous.

UN AUTRE BERGER *chante*
les deux premiers vers, et LE CHŒUR *les répète.*
Aimons, aimons-nous toujours, Sylvie,
Aimons, aimons-nous toujours.

LE BERGER *continue.*
Sans une si douce envie,
À quoi passer nos beaux jours ?

LE CHŒUR
Aimons, aimons-nous toujours, Sylvie,
Aimons, aimons-nous toujours.

LE BERGER
Les vrais plaisirs de la vie
Sont dans les tendres amours.

LE CHŒUR
Aimons, aimons-nous toujours, Sylvie,
Aimons, aimons-nous toujours.

QUATRE BERGERS,
et QUATRE BERGÈRES.   [F] [22]

Bergers : Le Roi, le marquis de Villeroy,
les Sieurs Raynal et La Pierre.

Bergères : Madame, Mme de Montespan,
Mlle de La Vallière et Mlle de Toussy.

Huit bergers chantants :
MM. d'Estival, Hédouin, Gingan, Blondel,
Magnan, Gaye ; Buffeguin et Auger, pages.

Huit bergères chantantes :
MM. Le Gros, Fernon l'aîné, Fernon le jeune, Rebel,
Cottereau, Lange ; et Saint-Jean et Luden, pages.

Vᵉ ENTRÉE

En faveur de Clio qui préside à l'histoire, voulant représenter quelque grande action des siècles passés, on n'a pas
cru pouvoir en choisir une plus illustre ni plus propre pour
le ballet que la bataille donnée par Alexandre contre Porus,
et la générosité que pratiqua ce grand monarque après sa
victoire, rendant aux vaincus tout ce que le droit des armes
leur avait ôté[32].

[23] Le combat s'exprime par des démarches et des coups
mesurés au son des instruments, et la paix qui le suit est
figurée par la danse que les vainqueurs et les vaincus font
ensemble.

Alexandre et Porus,
cinq Grecs, et cinq Indiens.

Alexandre : Monsieur Beauchamp.
Cinq Grecs : Monsieur de Souville,

---

32 Il faut rappeler que l'*Alexandre* de Racine avait été créé, par la troupe
    de Molière, en décembre 1665, sur ce sujet ; et que Racine avait dédié
    sa tragédie au roi.

Messieurs La Marre, Du Pron, Des-Airs le cadet,
et Mayeu. Descouteaux, *tambour*. Philebert
et Jean Hottere, *flûtes*.
Porus : M. Cocquet.
Cinq Indiens : Messieurs Paysan, Du Feu,
Arnald, Jouan et Noblet le cadet.
Vagnart, *Tambour*. Piesche et Nicolas Hottere[33], *flûtes*.

VI° ENTRÉE

Pour Calliope, mère des beaux vers[34], cinq poètes de
différents caractères dansent la sixième entrée.

Cinq poètes.

Poètes : M. Dolivet.
Poètes sérieux : le sieur Mercier et Brouard.
Poètes ridicules : le sieur Pesan, et le Roi.

VII° ENTRÉE ET RÉCIT   [24]

On fait paraître Orphée, fils de cette Muse, qui, par
les divers sons de sa lyre, exprimant tantôt une douleur
languissante, et tantôt un dépit[35] violent, inspire les mêmes

---

33   Pour les frères Hottere, on trouve ailleurs la graphie *Opterre*.
34   On attribue à Calliope la poésie épique.
35   *Dépit* : irritation violente.

mouvements à ceux qui le suivent, et entre autres, une Nymphe[36] que le hasard a fait rencontrer sur l'un des rochers qu'il attire après lui, est tellement transportée par l'effet de cette harmonie, qu'elle découvre sans y penser les secrets de son cœur par cette chanson :

Amour trop indiscret[37], devoir trop rigoureux,
Je ne sais lequel de vous deux
Me cause le plus de martyre ;
Mais que c'est un mal dangereux
D'aimer et ne le pouvoir dire.

Orphée : M. de Lully.
Nymphe : Mlle Hilaire.

Huit Thraciens.
MM. Des-Airs l'aîné, Des-Airs galant, Noblet l'aîné, Bonnard, Favier, Saint-André, Desonets, et Foignac.

VIII° ENTRÉE   [25]

Pour Érato que l'on invoque particulièrement en amour[38], on a tiré six amants de nos romans les plus fameux, comme Théagène et Chariclée, Mandane et Cyrus, Polexandre et Alcidiane[39].

---

36 Eurydice, selon certaines sources.
37 *Indiscret* : qui manque de discernement.
38 Érato est la muse de la lyrique chorale.
39 Théagène et Chariclée sont les jeunes héros du roman hellénistique *Les Éthiopiques* d'Héliodore, traduit par Amyot d'abord en 1547, et dont Alexandre Hardy avait fait une immense tragi-comédie en huit

Trois amants, et trois amantes.

Amants	Amantes
Cyrus, le Roi.	Mandane, M. Raynal.
Polexandre, le marquis de Villeroy.	Théagène, M. Beauchamp.
Alcidiane, le marquis de Mirepoix.	Chariclée : le sieur La Pierre.

IX° ENTRÉE

Pour Polymnie, de qui le pouvoir s'étend sur l'éloquence et la dialectique[40], trois philosophes grecs et deux orateurs romains sont représentés en ridicule par des comédiens français et italiens, auxquels on a laissé la liberté de composer leurs rôles.

Orateurs latins, et philosophes grecs.

Orateurs latins	Philosophes grecs
Cicéron : Arlequin.	Démocrite : Montfleury.

---

journées, *Les Chastes et Loyales Amours de Théagène et Chariclée,* première pièce qu'il publia en 1623. Mandane et Cyrus sont les héros d'*Artamène, ou Le Grand Cyrus,* roman de Madeleine de Scudéry (publié entre 1649 et 1653). Polexandre et Alcidiane ceux du roman de Gomberville, *Polexandre* (1632-1637).

40   Les attributions des Muses peuvent varier selon les auteurs. À Polymnie, on attribue aussi l'hymne, la pantomime ou la poésie lyrique…

Hortense[41] : Scaramouche[42]   *Héraclite* : Poisson.
Sénateur : Valerio.   *Le Cynique*, Brécourt[43].

Xᵉ ENTRÉE   [G] [26]

Pour Terpsichore[44], à qui l'invention des chants et des
danses rustiques est attribuée, on fait danser quatre Faunes
et quatre Femmes sauvages, qui, pliant en diverses façons
des branches d'arbres, en font mille tours différents, et
leur danse est agréablement interrompue par la voix d'un
jeune Satyre.

RÉCIT du Satyre
Le soin de goûter la vie
Est ici notre emploi ;
Chacun y suit son envie,
C'est notre unique loi.
L'amour toujours nous inspire
Ce qu'il a de plus doux ;
Ce n'est jamais que pour rire
Qu'on aime parmi nous.

---

41 C'est-à-dire Hortensius, célèbre orateur romain un peu plus âgé que
    Cicéron et son ami ; Cicéron lui dédia son dialogue philosophique intitulé
    Hortensius.
42 Derrière le nom des types qu'ils incarnaient, on reconnaît deux des
    plus célèbres acteurs de la troupe italienne, alors jouant avec Molière
    au Palais-Royal : Dominique Biancolelli (*Arlequin*) et Tiberio Fiorilli
    (*Scaramouche*).
43 Ces trois acteurs de l'Hôtel de Bourgogne étaient célèbres et sont bien
    connus.
44 Muse de la poésie légère et de la danse.

Satyre : M. Le Gros.
Quatre Faunes : M. Dolivet, les sieurs Saint-André,
Noblet l'ainé, et Des-Airs galant.
Quatre femmes sauvages : les sieurs Bonard,
Desonets, Favier et Foignac.

XI° ENTRÉE   [27]

Les neuf Muses et les neuf filles de Piérus dansent à l'envi, tantôt séparément, et tantôt ensemble, chacune de ces deux troupes aspirant avec même ardeur à triompher de celle qui lui est opposée.

Piérides	*Muses*
Madame	Madame de Villequier.
Madame de Montespan.	Madame de Rochefort.
Madame de Cursol.	Madame de La Vallière.
Mademoiselle de La Vallière.	Mme la Comtesse du Plessis.
Mademoiselle de Toussy.	Madame d'Udicourt.
Mademoiselle de La Mothe.	Mademoiselle d'Arquien.
Mademoiselle de Fiennes.	Mademoiselle de Longueval.
Madame du Ludre.	Mademoiselle de Colognon.
Mademoiselle de Brancas.	Mademoiselle de La Marc

XIIᵉ ENTRÉE   [28]

Trois Nymphes qu'elles avaient choisies pour juges de leur dispute, viennent pour la terminer par leur jugement.

Trois Nymphes juges de combat :
Le Roi,
Le Marquis de Villeroy et M. Beauchamp.

XIIIᵉ ET DERNIÈRE ENTRÉE

Mais les Piérides condamnées ne voulant pas céder, et recommençant la contestation avec plus d'aigreur qu'auparavant, forcent Jupiter à punir leur insolence, en les changeant en oiseaux.

Jupiter : M. le Grand[45].

---

45   Voir la note 10, p. 402.

VERS SUR LA PERSONNE
et le personnage
de ceux qui dansent au Ballet

RÉCIT DE LA MÉMOIRE
QUI N'EST POINT CHANTÉ

C'est moi qui de l'oubli sauve les noms célèbres,
Et des temps éloignés dissipe les ténèbres ;
En vain pour l'avenir travaille un puissant ROI,
    C'est autant de perdu sans moi.
        *

Jamais rien n'égala sa force et sa lumière,
Mon emploi n'eut jamais de si noble matière ;
Aussi quoi que le monde entreprenne aujourd'hui,
    C'est autant de perdu sans lui.

PREMIÈRE ENTRÉE
ASTRES ET PLANÈTES

POUR LES ASTRES ET LES PLANÈTES
    Astres, ce point n'est pas en évidence
    Si c'est par vous que le monde se meut ;
    Vous voilà tous occupés à la danse,
    Le monde va cependant comme il peut.

II° ENTRÉE

POUR M. LE GRAND, *Pyrame.*

Pyrame était un peu plus triste que vous n'êtes,
Vous avez néanmoins son air, et ses attraits;
Thisbé s'y fût méprise, et sans doute[1] vous faites
                    Tout ce qu'il fit au meurtre près.
Aussi pouvait-il bien, ce semble, à moins de frais
                    Marquer sa passion extrême;
D'autres preuves d'amour il est un million.
Vous auriez plus de peine à vous tuer vous-même
Que vous n'auriez de peine à tuer un lion.
Si votre âme inquiète, adorable Pyrame,
Voulait quitter ainsi le beau corps qui la joint,
Elle serait une âme injuste au dernier point,
Et je ne croirais pas qu'il fût une pire âme.

POUR LE MARQUIS DE MIREPOIX, *Thisbé.*   [31]

Vous avez bonne mine, et ne prétendez pas
Que pour votre beauté l'on souffre le trépas.
            Aussi la fable ingénieuse et sage
Sur l'accident funeste où Pyrame est tombé,
            Quand elle parle de Thisbé
N'accuse que son voile et non pas son visage[2].

---

1   Certainement.
2   Ces deux séries de vers sont remplies d'allusions à l'histoire de Pyrame
     et de Thisbé, Pyrame se tuant en croyant Thisbé morte et Thisbé se
     poignardant à son tour en voyant le cadavre de Pyrame.

IIIᵉ ENTRÉE

Comédie, Molière et sa troupe

POUR MOLIÈRE

Le célèbre Molière est dans un grand éclat,
Son mérite est connu de Paris jusqu'à Rome.
Il est avantageux partout d'être honnête homme,
Mais il est dangereux avec lui d'être un fat[3].

IVᵉ ENTRÉE   [32]

BERGERS ET BERGÈRES

POUR LE ROI, *Berger*

Ce Berger n'est jamais sans quelque chose à faire,
Et jamais rien de bas n'occupe son loisir,
                Soit plaisir, soit affaire ;
Mais l'affaire toujours va devant le plaisir.

*

Il mène des troupeaux dont la bizarrerie
Quelquefois tire à gauche au lieu d'aller à droit ;
                Pour telle bergerie
Jamais pasteur ne fut plus ferme et plus adroit.

*

---

3   *Fat* : sot. Molière le satirique débusque et stigmatise les sottises dans son théâtre.

Il pourrait de ce faix soulager sa pensée,
Mais il ne s'en veut pas reposer sur les siens ;
            La saison est passée
Où les bergers dormaient sur la foi de leurs chiens.

*

Paissez, brebis, pendant qu'il s'apprête à détruire
Avec tant de vigueur tous les loups s'il en vient ;
            Et laissez-vous conduire
À qui[4] sait mieux que vous tout ce qui vous convient[5].

            POUR MADAME, *Bergère.*   [33]
Non, je ne pense pas que jamais rien égale
Ces manières, cet air, et ces charmes vainqueurs ;
            C'est un dédale
            Pour tous les cœurs.

*

Elle vous prend d'abord, vous enchaîne, vous tue,
Vous pille jusqu'à l'âme, et puis après cela
            Sans être émue
            Vous laisse là.

*

L'assassinat commis, qu'est-ce qu'il en arrive ?
Pour le pauvre défunt, hélas ! le meilleur sort
            Qui s'ensuive
            Est d'être mort.

---

4   Par qui.
5   La louange à Louis XIV le berger-danseur est transparente dans ces
      strophes.

*

Endurez pour quelque autre une semblable peine,
Au moins vous permet-on soupir, plainte, et sanglot ;
                    À cette gêne[6]
                    L'on ne dit mot.

*

Telle erreur devrait être excusable et légère   [34]
Qui trompe les plus fins, et leur fait présumer
                    Qu'étant bergère
                    On peut l'aimer.

*

Mais la témérité découvre sa ruine
Pour la jeune bergère osant plus qu'il ne faut,
                    Vient de trop haut.

*

Qu'ici tous les respects les plus profonds s'assemblent
Dans un cœur ; un tel cœur n'en a pas à demi ;
                    Tous les loups tremblent
                    Devant Mimi[7].

POUR MME DE MONTESPAN, bergère.
                    Que nous serions heureux
                    (Disent les loups entre eux)

---

6 Gêne : torture.
7 Dans la marge : C'est le petit chien de Madame. On aura remarqué que
   l'avant-dernière strophe reste incompréhensible, car il lui manque un
   vers, dans toutes les éditions.

Si nous mettions la patte
Sur chair si délicate,
Ne faisant qu'un morceau
De bergère et troupeau !
Elle est prompte à la fuite,
Et garde une conduite
Dont chacun est surpris ;   [35]
Mais nous en avons pris
Qui tenaient même route,
Et nous serions sans doute
Au comble du bonheur
N'était son chien d'honneur.
Ce mot pourra déplaire,
Mais qu'y saurions-nous faire ?
Il ne sort rien de doux
De la gueule des loups.

POUR MLLE DE LA VALLIÈRE, *bergère.*

Jeune bergère, en qui le Ciel a mis
Tout ce qu'il donne à ses meilleurs amis,
De la beauté, du cœur, de la sagesse,
Et si j'en crois vos yeux, de la tendresse,
Ne pensez pas que je veuille en ce jour
Vous cajoler[8], *ni vous parler d'amour ;*
Je sais qu'il est dangereux de le faire,
Et je craindrais plus que votre colère ;
D'autres que moi s'en acquitteront mieux.
Je baise ici les mains à vos beaux yeux,
Et ne veux point d'un joug comme le vôtre ;
Je vous le dis tout franc : j'en aime une autre,
Que cela donc soit certain entre nous,

---

8   *Cajoler* : courtiser.

Et cru d'ailleurs aussi bien que de vous ;
Sur un tel point soyez désabusée.   [36]
Mais, mon ami, quelle est votre visée,
Me direz-vous, et qui⁹ vous force ainsi
À me parler d'un ton si radouci,
Et m'attaquer en style d'élégie
Qui de l'amour étale l'énergie ?
Moi de l'amour ? Ah ! jamais ce n'en fut ;
Mon véritable, et mon unique but
Est de louer ici votre personne ;
C'est de l'encens tout pur que je vous donne.
Vous me semblez l'ornement du hameau,
Et j'aime à voir dans un objet si beau
Parfaitement l'une à l'autre assortie
Et tant de gloire et tant de modestie.
Que vous peut-on souhaiter, et quel bien ?
Je crois qu'il faut ne vous souhaiter rien :
L'on ne saurait croître un bonheur extrême ;
Et pour tout dire, enfin que sais-je même
Si méritant tant de prospérités
Vous n'avez point ce que vous méritez.

POUR MLLE DE TOUSSY, bergère.
Vous avez un troupeau, belle et jeune bergère,
            Que vous garderez bien
Si vous l'allez garder ainsi que votre mère   [37]
            Garda toujours le sien ;
Elle s'en acquitta de si bonne manière
            Qu'il ne s'y peut ajouter rien ;
Et maintenant encore elle garde le bien
            En qui toute la France espère.

---

9   Qu'est-ce qui.

POUR LE MARQUIS DE VILLEROY, *Berger.*

Vous avez un air languissant
Dont votre troupeau se ressent ;
En prendre plus de soin serait assez honnête,
Mais à si vil emploi votre cœur ne s'arrête.
Quand le berger est jeune et beau
Il ne peut durer dans sa peau,
Et volontiers a dans la tête
Autre chose que son troupeau.

V° ENTRÉE

COMBAT D'ALEXANDRE ET DE PORUS

Alexandre et Porus aimaient tant les batailles,
Qu'environ deux mille ans après leurs funérailles
Vous les voyez ici prêts à recommencer ;   [K] [38]
Quand on aime la guerre on ne s'en peut passer.

VI° ENTRÉE

POUR LES POÈTES

Souvent les médecins
Ne sont pas les plus sains,
Encore que leur art de tous maux nous délivre.
Les beaux esprits sont tels :
Ils rendent immortels,
Et la plupart du temps ils n'ont pas de quoi vivre.

RÉCIT D'ORPHÉE,
QUI N'EST POINT CHANTÉ

Je ne viens point ici, par mes tristes accents,
Des sensibles objets suspendre tous les sens,
Attirer après moi les rochers et les marbres,
             Faire marcher les arbres :
Ma tristesse par là ne se peut amoindrir,
        Et c'est un effort inutile.
Hélas ! ce que je veux n'est pas si difficile,
Je ne veux que toucher un cœur et l'attendrir.

         *

Non, je ne prétends point que l'amour par ma voix   [39]
Vienne contraindre ici la nature et ses lois ;
S'il y faut de la force et de la violence,
        J'aime mieux le silence.
Ma tristesse par là, etc.

VIIe ENTRÉE

POUR M. DE LULLY, *Orphée.*
Cet Orphée a le goût très délicat, et fin ;
C'est l'ornement du siècle, et n'est rien qu'il n'attire,
Soit hommes, animaux, bois, et rochers enfin
Du son mélodieux de sa charmante lyre.
Toutes ces choses-là le suivent pas à pas,
Et de son harmonie elles sont les conquêtes ;

Mais si vous l'en pressez, il vous dira tout bas
Qu'il est cruellement fatigué[10] par les bêtes.

VIII° ENTRÉE   [40]
CYRUS et POLEXANDRE

POUR LE ROI, *Cyrus.*

Superbe[11] Antiquité, dont si mal à propos
Le siècle trop longtemps a souffert les reproches,
Et qui voulez toujours à l'égard des héros
Que les plus éloignés ternissent les plus proches,
Si vous en avez eu, nous en avons aussi,
Et la chose entre nous doit être égale ici.

Mais n'en soyons point crus ni les uns ni les autres,
Attendons sur le prix et du nôtre et des vôtres[12]
De la postérité le juste tribunal.

L'invincible LOUIS ne perd rien à l'attendre ;
Tantôt c'est un CYRUS, tantôt un ALEXANDRE,
Et toujours la copie atteint l'original.

Ils ont eu leurs défauts, ces démons des combats :   [41]
L'un sentit au courroux sa grande âme asservie,
Et l'autre eut dans sa fin quelque chose de bas
Que ceux qui l'ont loué n'ont point mis dans sa vie.

LOUIS est toujours sage, il règle ses désirs,
Et ne fait que glisser par-dessus les plaisirs ;
Sa vertu forte et pleine est une vertu rare
Qui relève, affermit, fortifie et répare.

---

10 *Fatiguer* : harceler, persécuter. – Ces vers sont une belle louange à
Lully-Orphée.
11 *Superbe* : orgueilleux.
12 Sur ce que valent le nôtre et les vôtres.

C'est un fleuve qu'on croit qui va tout renverser,
Qui ne rencontre point de digue à son épreuve ;
Enfin l'on se rassure, et l'on voit que ce fleuve
Inonde la campagne afin de l'engraisser.

POUR LE MARQUIS DE VILLEROY, *Polexandre.*
Que c'est un grand bonheur d'être jeune et bien fait,
De l'esprit et du corps également parfait,
Ainsi que Polexandre *errant par tout le monde*
   À dessein de lui ressembler,
   Et de pouvoir faire trembler
   Constantinople et Trébizonde.
   Et puis quand vous êtes tenté
D'aller secrètement vous embarquer sur l'onde,
   Être tout à coup arrêté
Par un géant terrible, et qui porte couronne, [L] [42]
Dont le fameux pouvoir vous retient enchanté[13]
   Dans une des tours de Péronne ;
Faire tous les étés quelque trait de roman
Par où vous soyez mis les hivers en écran[14]*,*
Brûler toujours d'un feu qui n'ait rien de profane,
Joint à de grands respects pour quelque Alcidiane,
Desquels on se défait quand il en est saison,
Et surtout se garder de la démangeaison
   De raconter ses aventures,
   Et de montrer des écritures[15]*.*

---

13 Enchaîné par un sortilège.
14 C'est-à-dire représenté sur un éventail dont les dames se servaient, ou sur
  panneau que l'on plaçait devant un foyer pour se protéger de la chaleur
  et de la luminosité du feu, selon les deux sens possibles du mot écran.
15 La connaissance du roman de *Polexandre* permet de décrypter ces vers,
  comme, partout ailleurs, la connaissance de la légende ou de l'histoire sur
  lesquelles on danse. Et, comme partout ailleurs, l'auteur des vers jongle

IX° ENTRÉE
ORATEURS *et* PHILOSOPHES

N'est-ce pas être né sous un noble ascendant[16]
Que d'être un orateur, et d'être un philosophe,
Quoiqu'il en soit beaucoup de fort petite étoffe[17] *?*
Car par un ordinaire et fatal accident
Qui cause à la science un éternel opprobre,
De ces deux composés il se forme un pédant,
Ridicule animal, très crasseux[18], *et peu sobre.*

X° ENTRÉE   [43]

POUR LES FAUNES
Ces gens-ci tiennent en affaire
Un procédé fort ingénu :
L'honneur leur semble une chimère,
Et chez eux l'amour est tout nu
Comme dans les bras de sa mère.

---

avec les rapprochements entre la personne du danseur et le personnage
fictif représenté et dansé.
16   *Ascendant* : horoscope, influence des astres sur la destinée.
17   De petite valeur.
18   *Crasseux* : désagréable, méprisable.

XIᵉ ENTRÉE
Contestation des PIÉRIDES *et des* MUSES

MADAME, *Piéride.*

Quelle étrange[19] dispute est-ce donc qui s'apprête ?
Qui vous a, je vous prie, osé mettre en la tête,
Muses, que nous étions jalouses de vous, nous ?

MADAME D'HEUDICOURT, *Muse.*   [44]

Madame, nous avons un grand respect pour vous ;
À vous dire le vrai de personne à personne,
D'une commune voix vous aurez la couronne.
Mais si votre bonté nous permet une fois
D'appuyer nos raisons, et soutenir nos droits,
Pour notre gain de cause à la face des hommes
Il suffit en ce lieu d'alléguer que nous sommes
Filles de Jupiter, vous de Piérius.
Encore qu'Alexandre effaçât Darius,
Leurs soldats pouvaient bien se comparer ensemble ;
Et cela nettement veut dire, ce me semble,
Que l'on peut vous tirer hors de comparaison,
Et contre tout le reste avoir quelque raison.

MADEMOISELLE DE LA VALLIÈRE, *Piéride.*

Non, non, point de détour, et point de stratagème ;
Il n'est pas question de ce respect extrême,
Et sur le point où roule ici notre entretien
La personne y fait tout, et la qualité rien ;
Il faut examiner quel est notre mérite,
Mais un mérite illustre, et que rien ne l'imite,   [45]

---

19 *Étrange* : extraordinaire, scandaleuse.

Brillant et reconnu d'un aveu solennel
Comme un mérite à nous purement personnel.
Point d'appuis étrangers, que toutes y renoncent ;
Après que l'on décide, et que les dieux prononcent.

MADEMOISELLE DE LONGUEVAL, *Muse.*
Les dieux ? nous retombons en pire extrémité ;
Sait-on pas que les dieux sont de votre côté ?
Eux qui sont si puissants sur la terre et sur l'onde
Et qui devraient sans doute[20] être pour tout le monde,
Cependant par malheur on voit qu'ils n'y sont point.

MADAME DE MONTESPAN, *Piéride.*
Laissons les dieux à part et revenons au point.
Parlons de bonne foi, quelle erreur est la vôtre !
Selon vous être Muse est-ce être plus qu'une autre ?
Si ce nom fut jadis en admiration
Il a suivi du temps la révolution[21] ;   [M] [46]
La mode en est passée, et si je ne m'abuse
L'on peut valoir beaucoup quoiqu'on ne soit pas Muse.

MADEMOISELLE D'ARQUIEN, *Muse.*
Mais je tiens qu'être Muse aussi n'empêche pas
Qu'on n'ait lieu de prétendre aux plus charmants appas ;
Ce serait grand-pitié que pour être un peu belle
On dût appréhender d'être spirituelle,
Qu'il fallût renoncer à ces divins trésors,
Et que l'esprit donnât l'exclusion au corps.

---

20 Assurément.
21 *Révolution* : changement.

MADAME DE CRUSSOL, *Piéride.*
Pour moi, bien que toujours les Muses toujours m'aient
                                              [*chérie,*
Par elles tendrement élevée et nourrie[22]*,*
Que j'aie été bercée au doux bruit des chansons
Que font de temps en temps leurs doctes nourrissons,
Je m'estime bien plus d'être ici Piéride,
Et je tiens mon état meilleur et plus solide.

MADAME DE VILLEQUIER, *Muse.*   [47]
Ce que vous dites là ne fait rien contre nous,
Ni contre notre sort qui nous semble assez doux ;
Quoique vous possédiez un esprit admirable,
Si votre sentiment ne nous est favorable,
Se peut-il pas changer dans une autre saison
Étant de votre goût, non de votre raison ?

MADEMOISELLE DE LA MOTHE, *Piéride.*
Afin de terminer le débat où nous sommes
Je ne suis pas d'avis que l'on s'adresse aux hommes ;
Ainsi qu'à nos moutons retournons à nos dieux,
Notre accommodement par là se fera mieux,
Quoique de haut en bas ces dieux peu favorables
Regardent les mortels comme des misérables.

MADAME LA COMTESSE DU PLESSIS, *Muse.*
Importuner les dieux avec nos différends ?
Ils ont bien autre chose à régler que nos rangs ;
Si le monde pour eux n'est qu'une bagatelle,
Jugez comme ils iront traiter notre querelle.   [48]
De nous-mêmes tâchons d'adoucir notre fiel,
Tenons-nous à la terre et laissons-là le ciel.

---

22 *Nourrir,* au sens figuré : instruire.

MADEMOISELLE DE TOUSSY, *Piéride.*

Votre moralité passe ma suffisance[23].
Quant à moi, je suis jeune, et j'arrive, et je danse,
À l'heure que je parle il ne me manque rien,
Et tout allant ainsi je crois que tout va bien ;
Que je me trompe ou non, mais enfin je soupçonne
Qu'étant comme je suis l'on ne cède à personne.

MADAME DE ROCHEFORT, *Muse.*

Et voilà justement le parti du bon sens,
De savoir en soi-même avec les connaissants[24]
Qu'à personne en mérite on n'est inférieure.
Ce mouvement secret de joie intérieure
Nous plaît, nous entretient, nous flatte, et me paraît
Une provision en attendant l'arrêt.

MADEMOISELLE DE FIENNES, *Piéride.*   [49]

Est-ce qu'on s'en tient là quand on a bonne cause ?
Veut-on pas que le monde en sache quelque chose ?
Il s'agit du triomphe en suite du combat ;
S'il y va de la gloire, il y faut de l'éclat,
Même que plus d'un juge en ait la connaissance ;
Et dans un intérêt de pareille importance,
Il faut que l'équité fasse droit à chacun,
Et pour y voir bien clair deux yeux valent plus qu'un.

MADAME DE LA VALLIÈRE, *Muse.*

Vous pourriez ajouter encore à votre affaire,
Que l'avis de plusieurs ne se rapportant guère[25]
Lorsque le différend se trouve mal réglé,

---

23 *Suffisance* : capacité.
24 Avec les personnes compétentes.
25 Ne se ressemblant guère.

De quelqu'un à quelque autre il en est appelé ;
Mais comme je me sens contre vous bien fondée
J'entends que sans retour l'affaire soit vuidée.

MADAME DE LUDRE, *Piéride.*

Pour corrompre personne au moins je ne crois pas
Qu'on me soupçonne ici de faire bien des pas ;
Pourquoi mêler le droit et la chicane ensemble ?
Quand on est raisonnable, il suffit ce me semble,
Sans que la ruse et l'art s'y trouvent employés,   [N] [50]
De se montrer au juge, et lui dire « voyez ».

MADEMOISELLE DE COLOGNON, *Muse.*

Vraiment vous en parlez ici bien à votre aise,
Parce que vous croyez n'avoir rien qui ne plaise ;
Si la Justice avait un bandeau sur les yeux
Peut-être que pour vous il n'en irait pas mieux ;
Quelques traits éclatants, et quoi que l'on possède,
Avecque tout cela bon droit a besoin d'aide.

MADEMOISELLE DE BRANCAS, *Piéride.*

Quelque riche qu'on soit en beauté, c'est un bien
Dont l'on ne souffre pas qu'il se retranche rien ;
Je n'avais pas quinze ans que l'on m'en donna seize ;
Cela me fit dépit, et je n'en fus point aise.
Il n'en est pas des ans de même que de l'or :
Plus vous en amassez moins en vaut le trésor.

MADEMOISELLE DE LA MARK, *Muse.*

Si vous ne vous fondiez que sur cet avantage,
J'ai de quoi disputer du côté de mon âge ;
Il est vrai que le blond fait partout bien du bruit,
Mais est-ce que le brun n'a jamais rien produit ?

En quantité de lieux sa puissance on redoute,   [51]
On ne me l'a pas dit, mais c'est que je m'en doute.

MADAME
Cette longue dispute à la fin me déplaît ;
Qu'on se taise et laissons la chose comme elle est.

XII° ENTRÉE
Nymphes.

POUR LE ROI, *Nymphe.*
La Nymphe[26] *merveilleuse, agréable et terrible,*
Des ours et des lions médite un meurtre horrible,
Et va rendre à nos bois leur antique bonheur ;
L'Envie a beau gronder, elle n'en peut rien dire.
Et des antres obscurs ne sort point de satyre
Qu'elle craigne, et qui donne attente à son honneur.

*

À son rare mérite on rend un juste hommage ;
Le chant mélodieux des cygnes[27] *de notre âge*
S'apprête à le louer par des tons redoublés,
Et ce même mérite au temple de Mémoire
D'une commune voix attend la même gloire,
Jugé par l'avenir les siècles assemblés.

*

---

26 Derrière cette Nymphe dansée par lui transparaît le roi, une dernière
    fois loué.
27 Les poètes.

POUR LE MARQUIS DE VILLEROY, *Nymphe.*   [52]
     À cette mine langoureuse,
   Nymphe, il paraît que vous avez besoin
      Qu'une autre nymphe prenne soin
   De vous aider à devenir heureuse.

XIII° ET DERNIÈRE ENTRÉE
Jupiter

POUR M. LE GRAND, *Jupiter.*
Auprès de Jupiter tous les dieux ne sont rien,
Et sitôt qu'il paraît on le reconnaît bien ;
À cheval, dans le cercle, aux bals, aux promenades,
De nos moindres plaisirs il forme ses ébats,
Et descend quelquefois jusqu'aux turlupinades ;
Chez les pauvres mortels on ne va point plus bas.
Au cœur il a toujours quelque galanterie,
Mais Junon dans le ciel n'entend pas raillerie.

FIN DU BALLET

LE SICILIEN, OU L'AMOUR PEINTRE

INTRODUCTION

À partir du 14 février 1667, une quatorzième et dernière entrée fut donc ajoutée au *Ballet des Muses* et confiée à Molière : ce fut la comédie du *Sicilien*. L'introduction du livret dit bien ce qu'on attendait de cet ultime divertissement censé donné par les Muses au roi :

> [...] il manquait à faire voir des Turcs et des Maures, et c'est ce qu'elles s'avisent de faire dans cette dernière entrée, où elles mêlent une petite comédie pour donner lieu aux beautés de la musique et de la danse, par où elles veulent finir.

On voit quelle fonction le livret accorde à la comédie de Molière ! L'officielle *Gazette*, qui signale que le ballet fut encore dansé le 16 février, confirme le jugement : la dernière entrée était « accompagnée d'une comédie française, aussi des plus divertissantes[1] ». L'œuvre du dramaturge n'est qu'une simple occasion ou un simple prétexte à un divertissement musical et dansé ; le roi et Mlle de La Vallière y dansèrent d'ailleurs parmi les Maures et Mauresques de la mascarade finale. Mais Molière en fit tout autre chose !

Comme toujours, Molière voulut donner ce *Sicilien* au public parisien, à partir du 10 juin 1667. Et, au témoignage de Robinet (*Lettre en vers à Madame* du 12 juin 1667), avec les entrées, comme dans le *Ballet* dansé à Saint-Germain-en-Laye. Mais, pour des raisons évidentes, celles-ci furent

---

1   Au 19 février 1667, p. 175-176.

sans doute simplifiées. Las ! cette fantaisie en un acte, qui
paraît si charmante aux modernes, n'eut pas de succès à
Paris : si l'on compte les deux reprises uniques de 1669 et
1671, à peine vingt représentations au total du vivant de
Molière, groupées pour l'essentiel en juin et juillet 1667.

UNE NOUVELLE COMÉDIE-BALLET

Le spectacle conçu par Molière, Lully et Beauchamp,
mais sur lequel Molière eut certainement la haute main,
constitue, après *L'Amour médecin* et l'étrange *Pastorale comique*,
un autre de ces spectacles composites que nous appelons
comédies-ballets. Molière réalise ici un bel équilibre esthétique entre la comédie proprement dite et les éléments
musicaux et chorégraphiques.

Selon une formule déjà exploitée par *Le Mariage forcé* et
L'Amour médecin, on ne trouve pas d'intermèdes à proprement
parler, mais des passages chantés et des entrées de ballet
s'intercalent naturellement dans le fil de l'intrigue – ici de
manière parfaite. On ne trouve qu'une suite de vingt scènes ;
simplement, trois de ces scènes sont en grande partie ou
totalement musicales ou dansées : la scène 3, « chantée par
trois musiciens » (deux bergers amoureux chantent leur
plainte, suivis d'un berger joyeux, qui se moque d'eux) ; la
scène 8, dans laquelle Hali, le valet d'Adraste, se prétend
Turc et chante (en un sabir qui n'a rien de turc), tandis que
quatre esclaves dansent dans les intervalles de son chant ;
la scène dernière où « plusieurs Maures font une danse
entre eux, par où finit la comédie » – nous avons donc
bien Turcs et Maures ! *Monsieur de Pourceaugnac* rependra

le même procédé de construction des trois langages de la comédie-ballet.

La disposition de ces ornements allie cohérence dramatique et souplesse. Leur intégration et leur justification sont parfaites. Les scènes 3 et 8 entrent dans la stratégie de l'amoureux Adraste. Une sérénade s'avère nécessaire pour faire connaître ses sentiments à sa belle enfermée, la toucher et obtenir d'elle, peut-être, un commencement de réponse[2]; voilà pour la scène 3, où Hali met littéralement en scène les trois musiciens et leur dialogue comme une petite pièce de théâtre, avec l'espace scénique, l'échange chanté et les différents spectateurs. La scène 8 fait réaliser un pas de plus : Hali aborde Dom Pèdre et sa prisonnière Isidore, et se sert encore du chant en français pour instruire Isidore de la passion d'Adraste, et du chant en sabir pour détourner l'attention de Dom Pèdre et se moquer de lui. Quant au ballet final – danse des différents Maures –, c'est l'obsession du Sénateur qui l'organise et qui refuse d'entendre la plainte de Dom Pèdre dupé par les amoureux ; une fois de plus dans la comédie-ballet, l'échec et l'humiliation de la victime doivent être dépassés, esquivés, relativisés et entraînés dans la joie générale, ne laissant triompher que l'amour véritable.

Le recours à la comédie-ballet et à ses ornements fait ainsi pleinement sens.

---

2   Au passage, signalons que *Le Sicilien* est aussi une pièce de la communication. Adraste compte d'abord sur la musique ; en présence d'Isidore, il pourra parler, mais la communication risque à tout moment d'être parasitée par la présence de Dom Pèdre, et il faudra avoir devant lui recours au double sens des mots. Et le jaloux qui a entravé la communication entre les amants sera à son tour dans l'impossibilité de se faire entendre par le Sénateur auquel il se plaindra à la fin. Communication empêchée, menacée, détournée, refusée : Molière ne cessa de revenir à cette thématique.

UNE INTRIGUE TOUT À FAIT BANALE ?

Assurément, au premier abord.

Objet de deux convoitises rivales : Isidore, jeune Grecque ancienne esclave de Dom Pèdre, que celui-ci a affranchie pour en faire sa femme, mais dont le gentilhomme français Adraste est amoureux. Un maître jaloux qui se voit déjà marié et possesseur de son trésor, un galant amoureux et séducteur qui lui dispute sa proie, une belle qui veut le rejoindre librement : la configuration n'est pas nouvelle chez Molière, depuis *L'École des maris*, où les espoirs conjugaux d'un barbon détesté sont déçus.

Reste toute la mise en œuvre du projet amoureux d'Adraste. Car il faut s'introduire dans la forteresse surveillée par Dom Pèdre, rencontrer la belle, lui parler et lui déclarer son amour, enfin prévoir l'enlèvement ; déguisements, impostures, tromperies et enlèvement entrent en action. Après les travaux d'approche du valet Hali, Adraste se fait passer pour peintre et peut ainsi rencontrer son modèle Isidore (scènes 11 et 12). Ensuite est mis en action un stratagème de la sœur d'Adraste (cette Climène, le visage voilé, demande à Dom Pèdre sa protection contre son supposé époux Adraste, l'obtient, et fait ressortir Isidore à sa place en compagnie d'Adraste que Dom Pèdre croit avoir réconcilié avec sa feinte épouse). Une tradition moliéresque – l'amour se fait ici peintre après s'être fait médecin dans une précédente comédie-ballet – et la tradition comique générale pouvaient prêter leur arsenal de procédés à Molière, qui s'en servit volontiers.

L'invention moliéresque et sa part originale ne sont pas dans le canevas de l'intrigue, et nous allons les trouver ailleurs. Contentons-nous ici de réfléchir un peu sur le déguisement d'Adraste en peintre, qui n'est pas un simple et astucieux stratagème – comme d'autres, dans les comédies, se déguisent en musiciens ou en médecins. L'intervention de la peinture – avec son vocabulaire, la cérémonie de la pose, le matériel même utilisé par le peintre – engage davantage. La conversation du peintre et de son modèle fait intervenir le débat sur les portraits que les femmes veulent d'ordinaire flattés et qu'Isidore préfère naturels, ou sur l'angle de la vision qui découvrira la vérité du modèle. On a été plus loin, non sans raison : pour Emmanuelle Hénin, dans cette scène du portrait, non seulement Molière prend part aux débats esthétiques du temps, critiquant au passage la vanité des femmes qui veulent un portrait flatté et d'ailleurs finalement conventionnel, mais, de manière métaphorique, il parlerait de son art, de ses comédies destinées à peindre le siècle, en vérité et sous le bon angle ; il glisserait même une satire des courtisans flatteurs[3]. La simple mécanique comique est bien dépassée.

L'ESPACE SCÉNIQUE ET LE LIEU

L'examen des lieux mérite également quelques réflexions.

Au niveau le plus élémentaire, celui des lieux figurés par le décor, celui de l'espace scénique, le dramaturge joue sur l'opposition de l'extérieur et de l'intérieur ; il est d'ailleurs significatif que deux décors soient nécessaires,

---

3   Emmanuelle Hénin, « Du portrait à la fresque, ou du *Sicilien* au *Val-de-Grâce* : Molière et la peinture », *Œuvres et critiques*, XXIX, 2004, p. 30-56.

puisque les premières et les dernières scènes sont jouées à l'extérieur de la maison de Dom Pèdre et sur son seuil — la forteresse à investir, la prison d'Isidore — et les autres (scènes 6 à 18) à l'intérieur. Il faut pour Adraste se faire admettre par le gardien de la prison, s'introduire dans la prison, éloigner autant que possible Dom Pèdre et détourner son attention, le détourner de sa surveillance quand il s'est introduit ; voyez tout le jeu d'Hali déguisé en Espagnol venu consulter Dom Pèdre sur une question d'honneur. Il faut enfin berner l'Argus et trouver un moyen d'extraire Isidore de sa prison. L'intrigue comique se joue donc toute sur le passage de l'extérieur à l'intérieur, puis de l'intérieur à l'extérieur. Certes, ce dispositif d'un lieu d'enfermement assiégé puis forcé pour permettre l'évasion d'une prisonnière amoureuse d'un galant extérieur n'est pas nouveau, y compris chez Molière ; mais ici les espaces sont rigoureusement délimités afin que le passage de la frontière soit plus éclatant.

Il faut aussi prendre garde au cadre géographique plus large où se déroule cette intrigue comique. Dans l'édition de la pièce, aucune précision n'est donnée à la suite de la liste des acteurs, comme cela se fait d'ordinaire ; mais aucune hésitation n'est possible : nous sommes chez le Sicilien Dom Pèdre, c'est-à-dire en Sicile. Sicile de fantaisie, dit-on couramment, et à juste raison : rien ne signale une Sicile concrète, réelle ou pittoresque[4]. Mais réelle est la portée symbolique de ce choix géographique, plutôt rare dans le théâtre de Molière (*Dom Juan* était déjà censé se dérouler en Sicile), et il ne faut pas se contenter de parler d'un lieu fantaisiste ou poétique.

---

4   Voir Jean Serroy, « Molière méditerranéen », [in] *Les Méditerranées du XVIIe siècle*, 2002, p. 219-230.

Au cœur de la Méditerranée, la Sicile permet le mélange des langues et des nations qui la bordent. Une esclave grecque est plausible, et pas seulement romanesque, chez un noble sicilien, comme l'est la présence de Turcs et de Maures avec leur sabir. Ce lieu central de la grande mer intérieure permet aussi la rencontre, la confrontation entre deux nations, avec leurs caractéristiques nationales stéréotypées : le Sicilien, c'est-à-dire l'Italien d'un naturel jaloux et tyrannique, qui surveille et enferme sa femme (il est significatif qu'Isidore soit l'ancienne esclave de Dom Pèdre), d'un côté ; de l'autre, le Français favorable à la liberté des femmes qui doivent être disponibles à l'amour, et à la séduction des galants – la France donnant le ton de la belle galanterie et affirmant sa suprématie en ce domaine. Pas plus que le lieu scénique, le cadre géographique général n'est indifférent, et Molière en tire possibilités et significations.

MANIÈRES D'AIMER

Il convient d'approfondir cette divergence dite nationale.

Dom Pèdre représente ce que Molière n'a cessé de vilipender, depuis les tuteurs des deux *Écoles* dont les espoirs préconjugaux sont bafoués : un mariage qui enferme la femme, qui la met au pouvoir d'un tyran, non aimé et jaloux, et la priverait de toute liberté ; c'est une autre sorte d'esclavage que Dom Pèdre propose à la jeune personne, cette Grecque qu'il a pourtant affranchie de sa condition d'esclave pour en faire sa femme ; comme le lui dit franchement Isidore, il la laissera toujours esclave :

> Quelle obligation vous ai-je, si vous changez mon esclavage
> en un autre beaucoup plus rude ? si vous ne me laissez jouir
> d'aucune liberté, et me fatiguez, comme on voit, d'une garde
> continuelle[5] ?

Jaloux comme un tigre, comme un diable, le Sicilien monte
la garde pour s'assurer qu'on ne lui « vole » rien de sa
« possession », de sa chose : « mon amour vous veut toute
à moi », précise-t-il. Mais il n'est pas aimé et ne cherche
pas à se faire aimer ; il protège son bien, par la contrainte,
la servitude, et le tient renfermé.

Manière sicilienne, italienne d'aimer et d'envisager le
mariage ; manière tyrannique qui est aussi parfaitement
contraire au code tendre de l'amour galant que pratique le
Français Adraste – comme l'a précisément montré Marie-
Claude Canova-Green[6].

Là où Dom Pèdre use de la contrainte et de la force,
Adraste flatte, cherche à plaire et à charmer, se déclare à
genoux et réclame en suppliant le consentement d'Isidore.
Face au redoutable tyran domestique, il représente une sorte
d'amant et de mari idéals. Ce galant pratique les vertus
de l'amant tendre : la complaisance, la soumission et la
constance. Dès lors qu'il peut, après avoir dû se résigner
au langage des yeux, s'exprimer par la parole, Adraste
séduit Isidore.

Soumise à la volonté de Dom Pèdre de posséder sa
personne par la force, Isidore sera d'autant plus sensible au
charme d'Adraste. La jeune Grecque n'est ni une ingénue
ni une naïve. Face au jaloux, elle développe une doctrine
qu'approuveraient presque la Dorimène du *Mariage forcé*

---

5   Scène 6.
6   « Figures de la galanterie dans *Le Sicilien, ou L'Amour peintre* », *Littératures
     classiques*, n° 58, printemps 2006, p. 89-103 ; repris dans son « *Ces gens-là
     se trémoussent bien* »…, 2007, p. 274-288.

et l'Angélique de *George Dandin* : les femmes sont bien aises d'être aimées, se plaisent aux hommages qu'on fait à leurs appas, désirent faire des conquêtes – « Quoi qu'on puisse dire, la grande ambition des femmes est, croyez-moi, d'inspirer de l'amour[7] ». La contrainte exacerbe la coquetterie ; et on ne jurerait pas qu'Isidore en soit tout à fait dépourvue. Mais quelle spontanéité et quelle fraîcheur ! Spontanément est dit son bonheur des caresses verbales que sont les flatteries d'Adraste. Et elle n'a besoin que le temps d'une réplique pour se résoudre à l'enlèvement – à la première entrevue amoureuse ! Car Adraste a fait appel à son consentement.

C'est encore un hymne à la liberté, à la liberté de l'amour. « [...] c'est le cœur qu'il faut arrêter par la douceur et par la complaisance », et l'amour partagé se rit de toutes les serrures et de tous les verrous du monde : telle est la leçon que dégage, à la scène 18, Climène, qui a permis à Isidore de se substituer à elle et de s'échapper. *Le Sicilien* montre encore une fois comment la libre passion, privée d'abord du langage, peut s'exprimer – à commencer par le biais de la musique qui favorise l'amour ; comment, malgré la surveillance jalouse finalement vouée à l'échec, les amants peuvent se rejoindre et échapper dans la liberté. Adraste et Isidore volent ensemble vers le mariage ; mais l'institution ne fera que valider socialement le désir, qui reste premier.

Une dernière touche est apportée par Molière à la peinture des manières d'aimer, grâce à ces bergers (le texte imprimé ne parle que de musiciens, mais le livret les désigne comme des bergers, ce que leur chant suffirait à faire) qui viennent chanter la première sérénade sous les fenêtres d'Isidore, à la scène 3. Les paroles et la musique donnent à entendre

---

7   Scène 6.

le contraste, dans la convention de la pastorale, entre des amants plaintifs, car soumis à d'ingrates bergères, qui chantent sur le mode mineur une plainte où la variété des mètres s'enrichit de figures du discours et de recherches sonores, et le berger jovial qui raille gentiment ces galants tendres ; après le chant langoureux sur le bémol, le berger joyeux se moque de leur faiblesse « avec un bécarre admirable ». Brutalement, sans aucune transition, on passe du la mineur au la majeur :

> *Pauvres amants, quelle erreur*
> *D'adorer des inhumaines*[8] !

C'est une autre sorte d'amour, qui ne se repaît pas d'espoirs déçus et exige d'être payé de réalités.

CLIMATS

La musique installe déjà, ou confirme certains climats, tout en nuances et en contrastes. Nous venons de voir que la scène 3 mélange la plainte propre à émouvoir, et l'humeur railleuse ; le côté tendre et passionné est d'ailleurs apte à entretenir Adraste lui-même « dans une douce rêverie » (scène 2), tandis qu'Hali peut se satisfaire du côté joyeux de ce trio dont le maître et son valet sont les auditeurs bien qu'il soit avant tout destiné à la belle Isidore. Mais musique et danse concourent pleinement au climat comique.

Prenons ici l'exemple de la scène 8, où Hali le chanteur et ses danseurs tâchent de faire passer un message d'amour

---

8   Scène 3.

à l'auditrice muette Isidore, tout en écartant les soupçons du jaloux par des pitreries pseudo-turques. Nous rions de la tentative de tromperie, puis que Dom Pèdre la découvre et utilise le même procédé musical pour renvoyer Hali et ses danseurs. Mais concentrons-nous sur le seul refrain chanté par Hali – « *Chiribirida ouch alla* ! » – où le comique musical se lie à celui des mots, le soutenant, l'amplifiant ou le redoublant par ses procédés. Ce refrain est en langage « franc », dit le livret, où l'on reconnaît vite un jargon à base d'italien. Le comique est donc d'abord proprement verbal. Mais la musique intervient avec son langage : la mélodie descend, degré par degré (et chaque degré est répété dans les trois temps de chaque mesure), d'une dixième ; cadence pour retrouver la dominante : nous sommes exactement au milieu du refrain ; et la voix repart en sens inverse, grimpant toute la gamme de do jusqu'au repos final sur la tonique !

Quant à la danse des Maures qui occupe la scène dernière, elle laisse les spectateurs dans la joie – joie que l'on rapprocherait volontiers de la joie carnavalesque, d'abord parce que la représentation de Saint-Germain-en-Laye eut lieu, à la mi-février 1667, en plein carnaval, ensuite parce que ce divertissement transforme en plaisanterie l'échec de Dom Pèdre, volé et même évincé de sa plainte en justice – ce qui est l'ordre renversé.

Tout le déploiement de l'intrigue fait alterner le sentiment de l'amour et ses formes variées et les plaisirs de la ruse et des tromperies, dans une belle fantaisie. Rien de brutal, pourtant, dans cette succession de contrastes, Molière ayant réussi à unifier ces climats variés. Comment ?

La musique sans doute est importante : quels que soient les sentiments qu'elles peuvent illustrer, les mélodies baignent la comédie de leur atmosphère. Il faut aussi tenir compte du rôle d'Hali ; cet auxiliaire efficace d'Adraste est

258 LE SICILIEN, OU L'AMOUR PEINTRE

aussi capable de lucidité sur sa condition de valet et, de manière générale, peut se détacher de l'action et commenter tel ou tel instant avec un mélange de fantaisie, d'humour, voire de touche poétique. N'est-ce pas lui qui fait l'ouverture du *Sicilien*, seul, en s'adressant d'abord aux musiciens :

> Chut… N'avancez pas davantage, et demeurez dans cet endroit, jusqu'à ce que je vous appelle. Il fait noir comme dans un four : le ciel s'est habillé ce soir en Scaramouche et je ne vois pas une étoile qui montre le bout de son nez.

Plaisante et familière poésie qui qualifie la nuit, avec son mystère et ses tromperies possibles, avant le passage à la clarté. Ce choix des heures de la nuit et du jour n'est pas indifférent ni sans portée[9] pour l'atmosphère générale de cette petite pièce. Enfin, il faut insister sur la prose moliéresque. Dans la variété des langages de chacun, on ne prendrait pas suffisamment garde à un style assez éblouissant. Et la chose est trop connue : la prose ici choisie (mais Molière aurait-il eu le temps de versifier sa comédie ?) est nourrie, presque gorgée de vers blancs, invisibles à l'œil mais sensibles à l'oreille, et qui infusent au discours rythmes et harmonies secrètes.

Tout concourt à faire de cette modeste comédie-ballet un petit chef-d'œuvre de fantaisie et de gaité légère et poétique.

---

9   Voir Charles Mazouer, « Les heures du jour et de la nuit chez Molière », *Le Nouveau Moliériste*, I, 1994, p. 221-233.

LE TEXTE

Le Sicilien nous est connu par deux témoins : le livret du *Ballet des Muses*, en sa quatorzième entrée, qui ne donne qu'un résumé très sommaire de chaque scène, et le nom des chanteurs, avec le début de leur chant, et des danseurs de Saint-Germain-en-Laye ; le texte complet de la comédie du *Sicilien, ou L'Amour peintre* que Molière fit imprimer à l'automne 1667, huit ou neuf mois après le spectacle royal.

Le lecteur trouvera évidemment ci-après, et dans cet ordre, ces deux textes.

Quant au livret du *Ballet des Muses*, on sait qu'il fut évolutif et que Ballard en fit imprimer, datées de la même année 1666, cinq éditions successives, avec des paginations variables. *Le Sicilien* apparaît seulement avec la quatorzième entrée, qu'il constitue, dans la cinquième édition du livret. Voici cette édition :

BALLET / DES MVSES. / Dansé par sa Majesté à son Cha- / steau de S. Germain en Laye / le 2. Decembre 1666. / A PARIS, / Par ROBERT BALLARD, seul Imprimeur du Roy / pour la Musique. / M. DC. LXVI. / Auec Privilege de sa Majesté. In-4, numéroté pages 1-47, puis 29-60 (cette dernière numérotation est celle des éditions précédentes, purement et simplement reprise), soit 80 pages au total.

Exemplaires à la BnF : à Tolbiac, RES-YF-1043 (BIS) ; aux Arts de spectacle : 8-RA3-118(6). L'exemplaire de Tolbiac a été deux fois numérisé : NUMM-72463 et NUMM- 313146.

Le Sicilien se trouve aux pages 37 à 47. Nous reproduisons également les vers d'application qui correspondent à cette dernière entrée, p. 57-60, et eux seulement.

Quant au texte de la comédie publié par Molière, nous suivons le texte de l'édition originale : LE / SICILIEN, / OV L'AMOVR / PEINTRE, / *COMEDIE*. / PAR I. B. P. DE MOLIERE. / A PARIS, / Chez IEAN RIBOV, au Palais, vis / à vis la Porte de la S. Chapelle, / à l'Image S. Louis. / M. DC. LXVIII. : AVEC PRIVILEGE DV ROY. In-12 : 2 ff. non ch., 81 p. (texte de la pièce) et 82-86 (texte du privilège).

Exemplaires à la BnF : à Tolbiac, RES-YF-4203 (microfiché) et 4204, RES-P-YF-594 (4,1) ; aux Arts du spectacle, 8-RF-3253 (RES) ; à l'Arsenal, 8-NF-4625.

PARTITIONS

Pour la musique du *Ballet des Muses* composée par Lully, nous avons la copie manuscrite d'André Danican Philidor, réalisée vers 1690 : *Ballet des Muses dansé devant le Roy a St Germain en Laye en 1666. Fait pas Mr de Lully, surintendant de la Musique de la Chambre*, 104 pages ; elle est conservée à la BnF (département de la musique : Rés. F. 521) et numérisée sur Gallica (NUMM-103673). Mais la source principale reste F-V-Ms.mus.86 pour tous les éditeurs modernes, en particulier pour ceux des *Œuvres complètes* de Jean-Baptiste Lully, chez Olms. Notre *Ballet des Muses*, édité par Noam Krieger, se trouvera dans la Série I : *Ballets et mascarades*, au vol. 8 (à paraître).

Lors de reprises en 1679, Marc-Antoine Charpentier composa plusieurs morceaux pour une « Sérénade du

Sicilien », cataloguée H 497, que l'on trouve dans ses *Mélanges autographes*, t. XVII, Cahier XXIII, conservés à la BnF musique ; ces *Meslanges autographes sont disponibles* en fac-similé, Paris, Minkoff-France, 28 volumes, 1990-2004. Éd. moderne du *Sicilien* dans *Music for Molière's comédies*, éd. John S. Powell, Madison, USA, A.R. éditions, Inc., 1990. Assez réduite, la partition comprend une ouverture, un air et un duo pour les musiciens de la scène 3, et une danse pour les esclaves de la scène 8. Le texte, remanié, n'est pas de Molière.

BIBLIOGRAPHIE COMPLÉMENTAIRE

MOREL, Jacques, *Agréables Mensonges. Essais sur le théâtre français du XVIIe siècle*, Paris, Klincksieck, 1991, p. 315-326.

MAZOUER, Charles, « Les heures du jour et de la nuit chez Molière », *Le Nouveau Moliériste*, I, 1994, p. 221-233.

MAZOUER, Charles, « Pastorale e commedia fino a Molière », [in] *Teatri barocchi. Tragedie, commedie, pastorali nella drammaturgia europea fra '500 e '600*, a cura di Silvia Carandini, Roma, Bulzoni 2000, p. 469-486.

SERROY, Jean, « Molière méditerranéen », [in] *Les Méditerranées du XVIIe siècle*, p. p. Giovanni Dotoli, Tübingen, Gunter Narr, 2002 (*Biblio 17*, 137), p. 219-230.

HÉNIN, Emmanuelle, « Du portrait à la fresque, ou du *Sicilien* au *Val-de-Grâce* : Molière et la peinture », *Œuvres et critiques*, XXIX, 2004, p. 30-56.

MAZOUER, Charles, *Molière et ses comédies-ballets*, nouvelle édition revue et corrigée, Paris, Champion, 2006, *passim*.

CANOVA-GREEN, Marie-Claude, « Figures de la galanterie dans *Le Sicilien, ou L'Amour peintre* », *Littératures classiques*, n° 58, printemps 2006, p. 89-103 ; repris dans son « *Ces gens-là se trémoussent bien…* » *Ébats et débats dans la comédie-ballet de Molière*, Tübingen, Gunter Narr, 2007 (*Biblio 17*, 171), p. 274-288.

LANAVÈRE, Alain, « "C'est une chose à voir, et cela nous divertira" : *Le Sicilien, ou L'Amour peintre*, [in] *Molière : toujours et encore !*, La Roche-sur-Yon, Presses Universitaires de l'I.C.E.S., 2014, p. 215-226.

CORNUAILLE, Philippe, *Les Décors de Molière. 1658-1674*, Paris, PUPS, 2015.

DISCOGRAPHIE

La partition de Lully n'a pas été enregistrée.

On trouve un enregistrement de celle de Charpentier sur le CD 65010 : *Musique pour les comédies de Molière*, par Hugo Reyne et sa Symphonie du Marais, Musique à la Chabotterie, 9° volume, 2011.

LIVRET DU SICILIEN
[BALLET DES MUSES]

14ᵉ ENTRÉE

Après tant de nations différentes que les Muses ont fait paraître dans les assemblages divers dont elles avaient composé le divertissement qu'elles donnent au Roi, il manquait à faire voir des Turcs et des Maures, et c'est ce qu'elles s'avisent de faire dans cette dernière entrée, où elles mêlent une petite comédie pour donner lieu aux beautés de la musique et de la danse, par où elles veulent finir.

COMÉDIE

ACTEURS

DOM PÈDRE, gentilhomme sicilien	*Molière*
ADRASTE, gentilhomme français	*La Grange.*
ISIDORE, esclave grecque	*Mlle de Brie.*
ZAÏDE, esclave[1]	*Mlle Molière*
HALY, Turc, esclave d'Adraste	*La Thorillière.*
MAGISTRAT SICILIEN	*Du Croisy.*

Scène PREMIÈRE   [K] [38]

Haly amène trois musiciens turcs, par l'ordre de son maître, pour donner une sérénade.

Les trois musiciens sont
MM. Blondel, Gaye et Noblet.

Scène 2

Adraste demande les trois musiciens, et pour obliger Isidore à mettre la tête à la fenêtre, leur fait chanter entre eux une scène de comédie.

---

1   Dans le texte imprimé du *Sicilien*, ce personnage sera remplacé par celui de Climène, sœur d'Adraste.

SCÈNE DE COMÉDIE CHANTÉE

BLONDEL, *représentant* LE BERGER FILÈNE
Si du triste récit de mon inquiétude,
Je trouble le repos de votre solitude,
                    Rochers, ne soyez point fâchés ;
Quand vous saurez l'excès de mes peines secrètes,
                    Tout rochers que vous êtes,
                    Vous en serez touchés.

GAYE, LE BERGER TIRCIS   [39]
Les oiseaux réjouis, dès que le jour s'avance,
Recommencent leurs chants dans ces vastes forêts ;
                    Et moi j'y recommence
Mes soupirs languissants, et mes tristes regrets.
                    Ah ! mon cher Filène.

BLONDEL
                    Ah ! mon cher Tircis.

GAYE
                    Que je sens de peines !

BLONDEL
                    Que j'ai de soucis !

GAYE
Toujours sourde à mes vœux est l'ingrate Climène.

BLONDEL
Cloris n'a point, pour moi, de regards adoucis.

GAYE *et* BLONDEL *chantent ensemble.*
Ô loi trop inhumaine !
Amour, si tu ne peux les contraindre d'aimer,
Pourquoi leur laisses-tu le pouvoir de charmer ?

NOBLET, BERGER, *les interrompt en chantant*   [40]
Pauvres amants, quelle erreur
D'adorer des inhumaines !
Jamais les âmes bien saines
Ne se payent de rigueur ;
Et les faveurs sont des chaînes
Qui doivent lier un cœur.

On voit cent belles ici,
Auprès de qui je m'empresse.
À leur vouer ma tendresse,
Je mets mon plus doux souci ;
Mais lorsque l'on est tigresse,
Ma foi, je suis tigre aussi.

BLONDEL *et* GAYE *répondent ensemble.*
Heureux, hélas ! qui peut aimer ainsi.

Scène 3
Dom Pèdre sort en robe de chambre, dans l'obscurité,
pour tâcher de connaître qui donne la sérénade.

Scène 4   [41]
Haly promet à son maître de trouver quelque invention
pour faire savoir à Isidore l'amour qu'on a pour elle.

Scène 5
Isidore se plaint à Dom Pèdre du soin qu'il prend de la mener partout avec lui.

Scène 6
Haly, tâchant de découvrir à Isidore la passion de son maître, se sert adroitement de cinq esclaves turcs, dont un chante et les quatre autres dansent, les proposant à Dom Pèdre comme esclaves agréables, et capables de lui donner du divertissement.

L'esclave turc qui chante, c'est
Le Sieur Gaye.

Les quatre esclaves turcs qui dansent sont
M. Le Prestre, les Sieurs Chicaneau,
Mayeu et Pesan.

L'esclave turc musicien chante d'abord ces paroles par lesquelles il prétend exprimer la [42] passion d'Adraste, et la faire connaître à Isidore, en présence même de Dom Pèdre :

> *D'un cœur ardent, en tous lieux*
> *Un amant suit une belle;*
> *Mais d'un jaloux odieux*
> *La vigilance éternelle*
> *Fait qu'il ne peut que des yeux*
> *S'entretenir avec elle;*
> *Est-il peine plus cruelle*
> *Pour un cœur amoureux ?*

L'esclave turc, après avoir chanté, craignant que Dom Pèdre ne vienne à comprendre le sens de ce qu'il vient de

dire, et à s'apercevoir de sa fourberie, se tourne entièrement
vers Dom Pèdre, et, pour l'amuser, lui chante, en langage
franc, ces paroles :

> *Chiribirida ouch alla !*
> *Star bon Turca,*
> *Non aver danara.*
> *Ti voler comprara ?*
> *Mi servir a ti,*
> *Se pagar per mi ;*
> *Far bona cucina,*
> *Mi levar matina,*
> *Far boller caldara.*
> *Parlara, parlara.*
> *Ti voler comprara ?*

[43] Ensuite de quoi, les quatre autres esclaves turcs
dansent, puis le musicien esclave recommence :

> *Chiribirida, houcha la*, etc.

lequel, persuadé que Dom Pèdre ne soupçonne rien, chante
encore ces paroles, qui s'adressent à Isidore :

> *C'est un supplice, à tous coups,*
> *Sous qui cet amant expire ;*
> *Mais si d'un œil un peu doux*
> *La belle voit son martyre,*
> *Et consent qu'aux yeux de tous*
> *Pour ses attrais il soupire,*
> *Il pourrait bientôt se rire*
> *De tous les soins du jaloux.*

Aussitôt qu'il a chanté, craignant toujours que Dom Pèdre ne s'aperçoive de quelque chose, il recommence :

Chiribirida, houcha la, etc.

Puis les quatre esclaves redansant, enfin Dom Pèdre venant à s'apercevoir de la fourberie, chante à son tour ces paroles :

> *Savez-vous, mes drôles,*
> *Que cette chanson*
> *Sent pour vos épaules*
> *Les coups de bâton ?*   [44]

> *Chiribirida ouch alla !*
> *Mi ti non comprara,*
> *Ma ti bastonara,*
> *Si ti non andara,*
> *Andara, andara,*
> *O ti bastonara.*

Scène 7
Haly rend compte à son maître de ce qu'il a fait, et son maître lui fait confidence de l'invention qu'il a trouvée.

Scène 8
Adraste va chez Dom Pèdre pour peindre Isidore.

Scène 9
Haly, déguisé en cavalier sicilien[2], vient demander
conseil à Dom Pèdre sur une affaire d'honneur.

Scène 10   [45]
Isidore loue à Dom Pèdre les manières civiles d'Adraste.

Scène 11
Zaïde vient se jeter entre les bras de Dom Pèdre, pour
se servir[3] du feint courroux d'Adraste.

Scène 12
Adraste feint de vouloir tuer Zaïde ; mais Dom Pèdre
obtient de lui de modérer son courroux.

Scène 13
Dom Pèdre remet Isidore entre les mains d'Adraste
sous le voile de Zaïde.

Scène 14   [46]
Zaïde reproche à Dom Pèdre sa jalousie, et lui dit
qu'Isidore n'est plus en son pouvoir.

---

2   En cavalier espagnol, dans le texte imprimé de la pièce.
3   Ce verbe n'est pas simple à comprendre. Zaïde joue la comédie et *sert*
     le stratagème d'Adraste et son feint courroux, certes ; mais elle ne *se*
     sert pas de son feint courroux. L'édition des GEF suggère une faute
     d'impression – *se servir* imprimé à la place de *se sauver* –, ce qui serait
     parfait pour le sens…

Scène 15 et dernière
Dom Pèdre va faire ses plaintes à un magistrat sicilien,
qui ne l'entretient que d'une mascarade de Maures, qui
finit la comédie et tout le ballet.

*

Cette mascarade est composée de plusieurs sortes de
Maures.   [47]

Maures et Mauresques de qualité :

LE ROI,
Monsieur le Grand[4],
les marquis de Villeroy et de Rassan.
MADAME, Mlle de La Vallière,
Mme de Rochefort, et Mlle de Brancas.

Maures nus :

M. Coquet, M. De Souville, MM. Beauchamp,
Noblet, Chicaneau, La Pierre, Favier et Des-Airs Galant.

Maures à capot[5] :

MM. La Marre, Du Feu, Arnald,
Vagnart et Bonard.

*

---

4   *Monsieur le Grand* est le nom qu'on donne au grand écuyer de France ;
     le titulaire de cet office est alors Louis de Lorraine, comte d'Armagnac.
5   *Capot* : petit cape, manteau à capuchon.

VERS SUR LA PERSONNE ET LE PERSONNAGE
DE CEUX QUI DANSENT AU BALLET   [29]

[...]

ENTRÉE DES MAURES   [57]

POUR LE ROI, *Maure.*

Ce Maure si fameux soit en paix, soit en guerre,
D'un mérite éclatant, et d'un rang singulier,
Pourrait mettre à ses pieds tout l'orgueil de la terre,
Et difficilement souffrirait le collier.
Il ne sait ce que c'est d'être sans la victoire,
Et tous les pas qu'il fait le mènent à la gloire;
Sur un chemin si noble il efface en allant
Tout ce que les ZÉGRIS et les ABENCÉRAGES[6],
                        Ces illustres courages,
                        Firent de plus galant.

                        *

Lorsqu'il fait[7] le berger il est incomparable,
Représentant Cyrus il prend un plus haut vol;
Qu'il se déguise en Nymphe, il a l'air admirable;
C'est la même fierté s'il danse en Espagnol,
Sous l'habit africain lui-même il se surmonte.
Mais de ces jeux divers quand il faut qu'il remonte,

---

6   Les *Abencérages* étaient une tribu arabe maure du royaume de Grenade;
    elle était opposée à celle des *Zégris*, dans des querelles sanglantes entre
    1480 et 1492. La « matière de Grenade » était familière au XVIIᵉ siècle
    français et fut exploitée dans le roman.

7   Cette strophe énumère d'abord les rôles que Louis XIV prit comme
    danseur dans différentes entrées du *Ballet des Muses.*

À *son vrai, naturel et sérieux emploi*
Où pas un ne l'égale, où nul ne le seconde,
                    Personne dans le monde
                    Ne fait si bien le ROI.

                    *

        POUR MADAME, *Mauresque.*   [P][58]
Que ces yeux ont de force, et qu'il est dangereux
De croire tenir ferme à la longue contre eux !
Qu'il y faut de sagesse, et que de politique[8] *!*
Malheureux est celui qui se trouve brûlé
Par les ardents rayons de ces soleils d'Afrique !
Plus malheureux encore quiconque en est hâlé !
La brûlure au dedans peut demeurer paisible,
Mais le hâle au dehors la rend toute visible ;
L'effet en est terrible, et cruel tout à fait,
Et l'apparence pire encore que l'effet.

    POUR MLLE DE LA VALLIÈRE, *Mauresque.*
                Beauté de premier rang,
            Vous dont la gloire est infinie,
                Avec un teint si blanc
            Venez-vous de Mauritanie ?
            Que de pompe, que d'appareil[9]
        Sur votre marche et pour votre conduite !
            Les autres n'ont rien de pareil.
            Quels esclaves, et quelle suite !

    POUR MME DE ROCHEFORT, *Mauresque.*   [59]
            Toute la noirceur du climat,

---

8   *Politique* : calcul, méthode.
9   *Appareil* : apparat, magnificence.

> Non sans un tendre et vif éclat,
> Dans vos beaux yeux s'est retirée ;
> Et c'est une preuve assurée
>   De leur mauvais dessein
>   Contre le genre humain.

POUR MLLE DE BRANCAS, *Mauresque.*
>   Quel éclat ! quelle fraîcheur !
>   Non, personne de blancheur
>   Auprès de vous ne se pique ;
>   Et c'est une rareté
>   Que vous avez apporté
>   Tant de neige de l'Afrique.

POUR M. LE GRAND, *Maure.*
Vous êtes bien fait, Maure, et vous avez la mine
D'être un des principaux de votre nation.
Il ne vous manque rien, et qui vous examine
Ne trouve de défaut qu'en votre expression.

*

En parlant vous péchez, dit-on, contre les formes,
Et vous vous énoncez trop peu vulgairement[10].
S'il faut qu'aux nations les langues soient conformes,   [60]
Un Maure doit-il pas parler obscurément ?

*

Il est des délicats dont le chagrin[11] s'applique

---

10   De manière commune, banale.
11   L'hostilité.

À *trouver tout mauvais, et vous donner à dos*[12],
Comme si vous lâchiez tous les monstres d'Afrique
Quand vous laissez aller trois ou quatre bons mots.

POUR LE MARQUIS DE VILLEROY, *Maure.*
Maure, qui me semblez jeune, galant et brave,
Êtes-vous votre maître, ou bien si vous servez ?
     Car le grand air que vous avez
     Ne sent point du tout son esclave.
   D'autre côté cette triste langueur
   Qui semble avoir sa source dans le cœur
     Met les curieux à la gêne.
     Vous n'avez ni collier ni chaîne,
Ou si vous en avez, ils ne paraissent point.
Mais toute chose mise en un juste équilibre,
Voulez-vous me laisser décider sur ce point ?
Ma foi, vous n'êtes pas de condition libre.

---

12 *Donner à dos à quelqu'un*, c'est achever de le perdre.

LE SICILIEN,
OU
L'AMOUR
PEINTRE,

COMEDIE

Par J. B. P. DE MOLIERE

À PARIS,

Chez Jean Ribou, au Palais,
vis-à-vis de la Sainte-Chapelle,
à l'image Saint Louis.

M. DC. LXVIII.
Avec privilège du roi

ACTEURS[1]

ADRASTE, gentilhomme français, amant[2] d'Isidore.
DOM PÈDRE, Sicilien, amant[3] d'Isidore.
ISIDORE, Grecque, esclave[4] de Dom Pèdre.
CLIMÈNE[5], sœur d'Adraste.
HALI, valet d'Adraste.
LE SÉNATEUR.
LES MUSICIENS.
TROUPE D'ESCLAVES.
TROUPE DE MAURES.
DEUX LAQUAIS.

---

1 On trouvera la distribution au début du livret.
2 Adraste, qui n'a pu utiliser jusqu'ici que le regard, va déclarer ses sentiments amoureux (c'est le sens du mot *amant*) à Isidore avant de l'enlever.
3 Dom Pèdre s'est aussi déclaré et compte épouser Isidore.
4 Esclave affranchie, assurément.
5 Climène remplace l'esclave Zaïde du livret.

LE
SICILIEN,
OU
L'AMOUR PEINTRE

Comédie

Scène 1

HALI, MUSICIENS

HALI, *aux Musiciens*.

Chut… N'avancez pas davantage, et demeurez dans cet endroit, jusqu'à ce que je [A] [2] vous appelle. Il fait noir comme dans un four ; le ciel s'est habillé, ce soir, en Scaramouche[6] ; et je ne vois pas une étoile qui montre le bout de son nez. Sotte condition que celle d'un esclave ! de ne vivre jamais pour soi, et d'être, toujours, tout entier aux passions d'un maître ! de n'être réglé que par ses humeurs, et de se voir réduit à faire ses propres affaires de tous les soucis qu'il peut prendre ! Le mien me fait, ici, épouser ses inquiétudes[7] ; et parce qu'il est amoureux, il faut que, nuit et jour, je [3] n'aie aucun repos. Mais voici des flambeaux, et, sans doute[8], c'est lui[9].

---

6   Ce célèbre emploi de la *commedia dell'arte* (alors tenu par Tiberio Fiorilli, qui partageait avec ses compagnons italiens le théâtre de Molière) était vêtu de noir, des pieds à la tête.

7   *Inquiétudes* : sens actuel de « soucis » « tourments ».

8   *Sans doute* : assurément.

9   Cette tirade est tissue de vers mêlées (hexasyllabes, octosyllabes, décasyllabes et alexandrins). On trouve encre bien d'autres vers blancs dans

Scène 2

ADRASTE *et* DEUX LAQUAIS[10], HALI

ADRASTE

Est-ce toi, Hali ?

HALI

Et qui pourrait-ce être que moi ? À ces heures de nuit,
hors vous et moi, Monsieur, je ne crois pas que personne
s'avise de courir, maintenant, les rues.

ADRASTE   [A ij] [4]

Aussi ne crois-je pas qu'on puisse voir personne qui
sente, dans son cœur, la peine que je sens. Car, enfin, ce
n'est rien d'avoir à combattre l'indifférence ou les rigueurs
d'une beauté qu'on aime ; on a toujours, au moins, le plaisir de la plainte et la liberté des soupirs. Mais ne pouvoir
trouver aucune occasion de parler à ce qu'on adore, ne
pouvoir savoir d'une belle si l'amour qu'inspirent ses yeux
est pour lui plaire ou lui déplaire, c'est la plus fâcheuse,
à mon gré, de toutes [5] les inquiétudes ; et c'est où me
réduit l'incommode[11] jaloux qui veille, avec tant de souci,
sur ma charmante Grecque, et ne fait pas un pas sans la
traîner à ses côtés.

HALI

Mais il est, en amour, plusieurs façons de se parler ; et
il me semble, à moi, que vos yeux et les siens, depuis près
de deux mois, se sont dit bien des choses.

Le Sicilien.
10   Les laquais devaient porter des flambeaux.
11   *Incommode* : insupportable, gênant.

ADRASTE

Il est vrai qu'elle et moi, souvent, nous nous sommes parlé des yeux. Mais comment reconnaître que, cha[A iij] [6]cun de notre côté, nous ayons comme il faut expliqué ce langage ? Et que sais-je, après tout, si elle entend bien tout ce que mes regards lui disent ? Et si les siens me disent ce que je crois parfois entendre ?

HALI

Il faut chercher quelque moyen de se parler d'autre manière.

ADRASTE

As-tu là tes musiciens ?

HALI

Oui.

ADRASTE

Fais-les approcher. Je veux, jusques au jour, les [7] faire ici chanter, et voir si leur musique n'obligera point cette belle à paraître à quelque fenêtre.

HALI

Les voici. Que chanteront-ils ?

ADRASTE

Ce qu'ils jugeront de meilleur.

HALI

Il faut qu'ils chantent un trio qu'ils me chantèrent l'autre jour.

ADRASTE

Non, ce n'est pas ce qu'il me faut.

HALI

Ah! Monsieur, c'est du beau bécarre[12].

ADRASTE   [A iiij] [8]

Que diantre veux-tu dire avec ton beau bécarre?

HALI

Monsieur, je tiens pour le bécarre. Vous savez que je m'y
connais. Le bécarre me charme. Hors du bécarre, point de
salut en harmonie. Écoutez un peu ce trio.

ADRASTE

Non, je veux quelque chose de tendre et de passionné,
quelque chose qui m'entretienne dans une douce rêverie.

HALI

Je vois bien que vous êtes pour le bémol; mais il y a
[9] moyen de nous contenter l'un l'autre. Il faut qu'ils vous
chantent une certaine scène d'une petite comédie que je
leur ai vu essayer. Ce sont deux bergers amoureux, tous
remplis de langueur, qui sur le bémol viennent, séparément, faire leurs plaintes dans un bois, puis se découvrent
l'un à l'autre, la cruauté de leurs maîtresses; et là-dessus
vient un berger joyeux, avec un bécarre admirable, qui se
moque de leur faiblesse.

---

12   Le *bécarre* et le *bémol* sont deux signes de la notation musicale qui altèrent
la note devant laquelle ils sont placés; un ou plusieurs bémols se trouvent
aussi à la clé, pour définir la tonalité de tout le morceau. Ils en venaient
à désigner le style de la musique, l'un (le bécarre) une musique sur le
ton naturel, plus rude, l'autre (le bémol) une musique plus douce. Ou,
autrement dit, pour être compris des musiciens l'un est le mode majeur,
franc et joyeux, l'autre le mode mineur, douloureux et plaintif.

ADRASTE

J'y consens. Voyons ce que c'est.

HALI [A v] [10]

Voici, tout juste, un lieu propre à servir de scène ; et
voilà deux flambeaux pour éclairer la comédie.

ADRASTE

Place-toi contre ce logis, afin qu'au moindre bruit que
l'on fera dedans, je fasse cacher les lumières.

Scène 3   [11]
chantée par trois musiciens[13]

PREMIER MUSICIEN

Si du triste récit de mon inquiétude,
Je trouble le repos de votre solitude,
            Rochers, ne soyez point fâchés ;
Quand vous saurez l'excès de mes peines secrètes,
                Tout rochers que vous êtes,
                Vous en serez touchés.

DEUXIÈME MUSICIEN

Les oiseaux réjouis, dès que le jour s'avance,
Recommencent leurs chants dans ces vastes forêts ;
            Et moi j'y recommence
Mes soupirs languissants, et mes tristes regrets.
            Ah ! mon cher Philène.

---

13   Les noms de ces chanteurs, bien connus, sont donnés par le livret :
      Blondel, Gaye et Noblet. – On trouvera des analyses de la musique
      dans l'annotation de la nouvelle édition de la Pléiade, t. I, p. 1507 *sqq* –
      Nous donnons le texte seul de l'édition de 1668 de la comédie, puis la
      partition musicale.

PREMIER MUSICIEN
Ah ! mon cher Tirsis.

DEUXIÈME MUSICIEN   [A vj] [12]
Que je sens de peine !

PREMIER MUSICIEN
Que j'ai de soucis !

DEUXIÈME MUSICIEN
Toujours sourde à mes vœux est l'ingrate Climène.

PREMIER MUSICIEN
Cloris n'a point, pour moi, de regards adoucis.

TOUS DEUX
Ô loi trop inhumaine !
Amour, si tu ne peux les contraindre d'aimer,
Pourquoi leur laisses-tu le pouvoir de charmer ?

TROISIÈME MUSICIEN
Pauvres amants, quelle erreur
D'adorer des inhumaines !
Jamais les âmes bien saines
Ne se payent de rigueur ;
Et les faveurs sont les chaînes
Qui doivent lier un cœur.

On voit cent belles ici,   [13]
Auprès de qui je m'empresse ;
À leur vouer ma tendresse,
Je mets mon plus doux souci ;
Mais lorsque l'on est tigresse,
Ma foi, je suis tigre aussi.

PREMIER ET DEUXIÈME MUSICIENS
Heureux, hélas ! qui peut aimer ainsi.

HALI
Monsieur, je viens d'ouïr quelque bruit au-dedans.

ADRASTE
Qu'on se retire vite, et qu'on éteigne les flambeaux.

Scène 4   [14]
DOM PÈDRE, ADRASTE, HALI

DOM PÈDRE, *sortant en bonnet de nuit*
et robe de chambre, avec une épée sous son bras.
Il y a quelque temps que j'entends chanter à ma porte ; et,
sans doute[14], cela ne se fait pas pour rien. Il faut que, dans
l'obscurité, je tâche à découvrir quelles gens ce peuvent être.

ADRASTE
Hali !

HALI   [15]
Quoi ?

ADRASTE
N'entends-tu plus rien ?

HALI
Non.
    (Dom Pèdre est derrière eux, qui les écoute.)

---

14 Voir *supra*, la note 8, p. 151.

ADRASTE

Quoi ? tous nos efforts ne pourront obtenir que je parle un moment à cette aimable Grecque ? et ce jaloux maudit, ce traître de Sicilien, me fermera toujours tout accès auprès d'elle ?

HALI

Je voudrais, de bon cœur, que le diable l'eût emporté, [16] pour la fatigue[15] qu'il nous donne, le fâcheux, le bourreau qu'il est. Ah ! si nous le tenions ici, que je prendrais de joie à venger sur son dos tous les pas inutiles que sa jalousie nous fait faire !

ADRASTE

Si faut-il bien pourtant[16] trouver quelque moyen, quelque invention, quelque ruse, pour attraper notre brutal[17] ; j'y suis trop engagé pour en avoir le démenti ; et quand j'y devrais employer…

HALI

Monsieur, je ne sais pas [17] ce que cela veut dire, mais la porte est ouverte ; et si vous le voulez, j'entrerai doucement pour découvrir d'où cela vient.

(*Dom Pèdre se retire sur sa porte.*)

ADRASTE

Oui, fais ; mais sans faire de bruit ; je ne m'éloigne pas de toi. Plût au Ciel que ce fût la charmante Isidore !

---

15 *Fatigue* : tracas, souci ; mais le sens actuel de « lassitude » était aussi usuel.
16 *Si*, qui a déjà le sens de « cependant » est renforcé par *pourtant*.
17 Le *brutal* tient de la bête ; il est grossier.

DOM PÈDRE, *lui donnant sur la joue.*

Qui va là ?

HALI, *lui faisant de même.*

Ami.

DOM PÈDRE

Holà ! Francisque, Do[18]minique, Simon, Martin, Pierre, Thomas, Georges, Charles, Barthélemy ; allons, promptement, mon épée, ma rondache[18], ma hallebarde, mes pistolets, mes mousquetons, mes fusils ; vite, dépêchez, allons, tue, point de quartier.

Scène 5   [19]

ADRASTE, HALI

ADRASTE

Je n'entends remuer personne. Hali ? Hali ?

HALI, *caché dans un coin.*

Monsieur.

ADRASTE

Où donc te caches-tu ?

HALI

Ces gens sont-ils sortis ?

---

18 *Rondache* : « espèce de bouclier dont se servent encore les Espagnols qui courent la nuit » (Furetière). L'énumération des armes comme l'énumération copieuse des noms de valets fait penser au théâtre de Scarron, lui-même inspiré de la comédie espagnole.

ADRASTE

Non, personne ne bouge.

HALI, *en sortant d'où il était caché.*   [20]

S'ils viennent, ils seront frottés.

ADRASTE

Quoi ? tous nos soins seront donc inutiles ? Et toujours ce fâcheux jaloux se moquera de nos desseins ?

HALI

Non, le courroux du point d'honneur me prend ; il ne sera pas dit qu'on triomphe de mon adresse[19] ; ma qualité de fourbe s'indigne de tous ces obstacles, et je prétends faire éclater[20] les talents que j'ai eus du Ciel.

ADRASTE   [21]

Je voudrais seulement que, par quelque moyen, par un billet, par quelque bouche, elle fût avertie des sentiments qu'on a pour elle, et savoir les siens là-dessus. Après, on peut trouver facilement les moyens…

HALI

Laissez-moi faire seulement ; j'en essayerai tant de toutes les manières, que quelque chose enfin nous pourra réussir. Allons, le jour paraît ; je vais chercher mes gens, et venir attendre, en ce lieu, que notre jaloux sorte.

---

19 *Adresse* : ruse, fourberie.
20 *Éclater* : apparaître au grand jour, se manifester.

Scène 6[21]   [22]
DOM PÈDRE, ISIDORE

ISIDORE

Je ne sais pas quel plaisir vous prenez à me réveiller si matin ; cela s'ajuste assez mal, ce me semble, au dessein que vous avez pris de me faire peindre aujourd'hui ; et ce n'est guère pour avoir le teint frais et les yeux brillants que se lever ainsi dès la pointe du jour.

DOM PÈDRE   [23]

J'ai une affaire qui m'oblige à sortir à l'heure qu'il est.

ISIDORE

Mais l'affaire que vous avez eût bien pu se passer, je crois, de ma présence ; et vous pouviez, sans vous incommoder, me laisser goûter les douceurs du sommeil du matin.

DOM PÈDRE

Oui ; mais je suis bien aise de vous voir toujours avec moi. Il n'est pas mal de s'assurer un peu contre les soins des surveillants[22] ; et cette nuit encore, on est [24] venu chanter sous nos fenêtres.

ISIDORE

Il est vrai ; la musique en était admirable.

DOM PÈDRE

C'était pour vous que cela se faisait ?

---

21 On passe désormais à l'intérieur de la maison de Dom Pèdre. Le décor devait donc être double et représenter les deux lieux simultanément – ce qui n'était plus habituel.

22 Les espions, ceux qui tournent autour de la maison et d'Isidore.

ISIDORE

Je le veux croire ainsi, puisque vous me le dites.

DOM PÈDRE

Vous savez qui était celui qui donnait cette sérénade ?

ISIDORE

Non pas ; mais, qui que ce puisse être, je lui suis obligée.

DOM PÈDRE   [25]

Obligée !

ISIDORE

Sans doute, puisqu'il cherche à me divertir.

DOM PÈDRE

Vous trouvez donc bon qu'on vous aime ?

ISIDORE

Fort bon. Cela n'est jamais qu'obligeant.

DOM PÈDRE

Et vous voulez du bien à tous ceux qui prennent ce soin ?

ISIDORE

Assurément.

DOM PÈDRE

C'est dire fort net ses pensées.

ISIDORE   [B] [26]

À quoi bon de dissimuler[23] ? Quelque mine qu'on fasse,
on est toujours bien aise d'être aimée : ces hommages

─────────

23   À quoi serait-il bon de dissimuler ?

à nos appas ne sont jamais pour nous déplaire. Quoi qu'on en puisse dire, la grande ambition des femmes est, croyez-moi, d'inspirer de l'amour. Tous les soins qu'elles prennent ne sont que pour cela ; et l'on n'en voit point de si fière[24] qui ne s'applaudisse en son cœur des conquêtes que font ses yeux.

DOM PÈDRE

Mais si vous prenez, vous, [27] du plaisir à vous voir aimée, savez-vous bien, moi qui vous aime, que je n'y en prends nullement ?

ISIDORE

Je ne sais pas pourquoi cela ; et si j'aimais quelqu'un, je n'aurais point de plus grand plaisir que de le voir aimé de tout le monde. Y a-t-il rien qui marque davantage la beauté du choix que l'on fait ? et n'est-ce pas pour s'applaudir, que ce que nous aimons soit trouvé fort aimable[25] ?

DOM PÈDRE

Chacun aime à sa guise, et ce n'est pas là ma méthode. [B ij] [28] Je serai fort ravi qu'on ne vous trouve point si belle, et vous m'obligerez de n'affecter[26] point tant de la paraître[27] à d'autres yeux.

ISIDORE

Quoi ? jaloux de ces choses-là ?

---

24 *Fier* : farouche.
25 *Aimable* : digne d'être aimé.
26 *Affecter* : désirer, rechercher vivement.
27 Nous dirions : « de le paraître », de paraître aimable.

DOM PÈDRE

Oui, jaloux de ces choses-là, mais jaloux comme un tigre, et, si voulez[28], comme un diable. Mon amour vous veut toute à moi ; sa délicatesse s'offense d'un souris[29], d'un regard qu'on vous peut arracher ; et tous les soins qu'on me voit prendre ne sont que pour fermer tout [29] accès aux galants, et m'assurer la possession d'un cœur dont je ne puis souffrir qu'on me vole la moindre chose.

ISIDORE

Certes, voulez-vous que je dise ? vous prenez un mauvais parti ; et la possession d'un cœur est fort mal assurée, lorsqu'on prétend le retenir par force. Pour moi, je vous l'avoue, si j'étais galant d'une femme qui fût au pouvoir de quelqu'un, je mettrais toute mon étude à rendre ce quelqu'un jaloux, et l'obliger à veiller nuit et jour celle que je voudrais gagner. C'est un admirable [B iij][30] moyen d'avancer ses affaires ; et l'on ne tarde guère à profiter du chagrin[30] et de la colère que donne à l'esprit d'une femme la contrainte et la servitude.

DOM PÈDRE

Si bien donc que, si quelqu'un vous en contait, il vous trouverait disposée à recevoir ses vœux ?

ISIDORE

Je ne vous dis rien là-dessus. Mais les femmes enfin n'aiment pas qu'on les gêne[31] ; et c'est beaucoup risquer que de leur montrer des soupçons, et de les tenir renfermées.

---

28 C'est bien le texte ancien, avec l'ellipse du pronom sujet.
29 *Souris* : sourire.
30 *Chagrin* : irritation.
31 *Gêner* : soumettre à une contrainte pénible.

DOM PÈDRE   [31]

Vous reconnaissez peu ce que vous me devez ; et il me semble qu'une esclave que l'on a affranchie, et dont on veut faire sa femme…

ISIDORE

Quelle obligation vous ai-je, si vous changez mon esclavage en un autre beaucoup plus rude ? si vous ne me laissez jouir d'aucune liberté, et me fatiguez[32], comme on voit, d'une garde continuelle ?

DOM PÈDRE

Mais tout cela ne part que d'un excès d'amour.

ISIDORE   [B iiij] [32]

Si c'est votre façon d'aimer, je vous prie de me haïr.

DOM PÈDRE

Vous êtes aujourd'hui dans une humeur désobligeante ; et je pardonne ces paroles au chagrin[33] où vous pouvez être de vous être levée matin.

Scène 7   [33]
DOM PÈDRE, HALI[34], ISIDORE
(Hali faisant plusieurs révérences à Dom Pèdre.)

DOM PÈDRE

Trêve aux cérémonies. Que voulez-vous ?

---

32 *Fatiguer* : harceler, persécuter.
33 Voir *supra*, la note 30, p. 512.
34 Hali était habillé en Turc.

HALI

(Il se retourne devers Isidore, à chaque parole
qu'il dit à Dom Pèdre, et lui fait des signes pour lui
faire connaître le dessein de son maître.)[35]

Signor (avec la permission de la Signore[36]), je vous [B v]
[34] dirai (avec la permission de la Signore) que je viens
vous trouver (avec la permission de la Signore), pour vous
prier (avec la permission de la Signore) de vouloir bien (avec
la permission de la Signore)…

DOM PÈDRE

Avec la permission de la Signore, passez un peu de ce
côté[37].

HALI

Signor, je suis un virtuose[38].

DOM PÈDRE

Je n'ai rien à donner[39].

HALI

Ce n'est pas ce que je demande. Mais comme je me
[35] mêle un peu de musique et de danse, j'ai instruit

---

35 Le jeu de scène consiste pour Hali à se mettre entre Dom Pèdre et Isidore
    pour pouvoir communiquer avec celle-ci, d'abord en faisant des signes,
    sans être vu de Dom Pèdre, puis, à la scène suivante, par le véhicule du
    chant.

36 La *Signore*, c'est la francisation de l'italien *Signora*, « la dame ».

37 Dom Pèdre complète le jeu, en se mettant à son tour entre Hali et
    Isidore, afin d'empêcher la communication.

38 Le mot est presque un néologisme absolu et reste inconnu de Furetière
    (de l'italien *virtuoso*). Il désigne ici une personne (Hali) douée dans les
    arts du chant et de la danse.

39 Dom Pèdre se trompe-t-il sur le sens du mot, prenant Hali pour un
    mendiant (explication de G. Couton) ? Ou, ayant bien compris, il refuse
    d'écouter et de voir le spectacle pour ne rien débourser en paiement ?

quelques esclaves qui voudraient bien trouver un maître qui se plût à ces choses ; et comme je sais que vous êtes une personne considérable, je voudrais vous prier de les voir et de les entendre, pour les acheter, s'ils vous plaisent, ou pour leur enseigner quelqu'un de vos amis qui voulût s'en accommoder.

ISIDORE

C'est une chose à voir, et cela nous divertira. Faites-les-nous venir.

HALI

*Chala bala…*Voici une [B vj] [36] chanson nouvelle, qui est du temps[40]. Écoutez bien. *Chala bala.*

Scène 8

HALI et QUATRE ESCLAVES, ISIDORE, DOM PÈDRE
(Hali chante[41] dans cette scène, et les esclaves dansent dans les intervalles de son chant.)

HALI *chante.*
D'un cœur ardent, en tous lieux
Un amant suit une belle ;
Mais d'un jaloux odieux
La vigilance éternelle

---

40 Comprendre aussi, à l'adresse d'Isidore : qui est de circonstance.
41 Ce n'est pas l'acteur jouant le rôle d'Hali (c'est-à-dire La Thorillière) qui chantait, mais un professionnel, le sieur Gaye, dissimulé dans une loge grillagée, La Thorillière se contentant de mimer (en l'occurrence, il se tournait vers Isidore pour le français, puis, Dom Pèdre le suspectant, il passait au « turc » à l'adresse de celui-ci). C'est ainsi qu'on pratiquait sur le théâtre de Molière avant l'époque de *Psyché*, en 1671 – si l'on en croit La Grange. – On lira le texte de l'édition de 1668, puis la partition.

Fait qu'il ne peut que des yeux
S'entretenir avec elle.
Est-il peine plus cruelle
Pour un cœur amoureux ?

Chiribirida ouch alla[42] !   [37]
      Star bon Turca,
  Non aver danara.
  Ti voler comprara ?
     Mi servir a ti,
      Se pagar per mi ;
  Far bona cucina,
  Mi levar matina,
  Far boller caldara.
  Parlara, parlara.
  Ti voler comprara[43] ?

C'est un supplice, à tous coups,
Sous qui cet amant expire ;
Mais si d'un œil un peu doux
La belle voit son martyre,
Et consent qu'aux yeux de tous
Pour ses attrais il soupire,
Il pourrait bientôt se rire
De tous les soins du jaloux.

Chiribirida ouch alla !
      Star bon Turca,

---

42 Exclamation aussi vaguement turque que privée de sens.
43 « [Moi] être bon Turc, / Ne pas avoir un denier. / Toi vouloir acheter ? /
    Moi te servir, / Si toi payer pour moi ; / Faire bonne cuisine, / Me lever
    matin, / Faire bouillir chaudière. / Toi parleras, parleras. / Toi vouloir
    acheter ? ».

Non aver danara.

Ti voler comprara ?

Mi servir a ti,

Se pagar per mi ;

Far bona cucina,

Mi levar matina,

Far boller caldara.

Parlara, parlara.

Ti voler comprara ?

DOM PÈDRE   [38]

Savez-vous, mes drôles,

Que cette chanson

Sent pour vos épaules

Les coups de bâton ?

Chiribirida ouch alla !

Mi ti non comprara,

Ma ti bastonara,

Si ti non andara,

Andara, andara,

O ti bastonara[44].

[DOM PÈDRE, *parlant*]

Oh ! Oh ! Quels égrillards[45] ! Allons, rentrons ici, j'ai changé de pensée, et puis le temps se couvre un peu. (*À Hali qui paraît encore là.*) Ah ! fourbe, que je vous y trouve[46] !

---

44   Traduction, Dom Pèdre n'étant pas dupe : « Moi pas acheter toi, / Mais bâtonner toi, / Si toi pas t'en aller. / T'en aller, t'en aller, / Ou [moi] bâtonner toi ».

45   *Égrillard* : « éveillé, subtil, qui entend bien ses intérêts », dit Furetière.

46   C'est évidemment une menace : si je vous y trouve, il vous en cuira ; vous n'avez pas intérêt à ce que je vous y trouve.

HALI

Eh bien ! oui, mon maître l'adore ; il n'a point de plus grand désir que de lui mon[39]trer son amour ; et si elle y consent, il la prendra pour femme.

DOM PÈDRE

Oui, oui, je la lui garde.

HALI

Nous l'aurons malgré vous.

DOM PÈDRE

Comment ? coquin...

HALI

Nous l'aurons, dis-je, en dépit de vos dents[47].

DOM PÈDRE

Si je prends...

HALI

Vous avez beau faire la garde, j'en ai juré, elle sera à nous.

DOM PÈDRE   [40]

Laisse-moi faire, je l'attraperai sans courir.

HALI

C'est nous qui vous attraperons ; elle sera notre femme, la chose est résolue. Il faut que j'y périsse, ou que j'en vienne à bout.

---

47 *En dépit de vos dents* ou *malgré vos dents* : malgré vous, quelque dépit que vous en ayez.

Scène 9   [41]

ADRASTE, HALI

HALI[48]

Monsieur, j'ai déjà fait quelque petite tentative ; mais je…

ADRASTE

Ne te mets point en peine ; j'ai trouvé par hasard tout ce que je voulais, et je vais jouir du bonheur de voir chez elle cette belle. Je me suis rencontré[49] chez le peintre Damon, qui m'a dit qu'aujourd'hui il venait faire le portrait de cette adorable [42] personne ; et comme il est depuis longtemps de mes plus intimes amis, il a voulu servir mes feux, et m'envoie à sa place, avec un petit mot de lettre pour me faire accepter. Tu sais que de tout temps je me suis plu à la peinture, et que parfois je manie le pinceau, contre la coutume de France, qui ne veut pas qu'un gentilhomme sache rien faire[50]. Ainsi j'aurai la liberté de voir cette belle à mon aise. Mais je ne doute pas que mon jaloux fâcheux ne soit toujours présent, et n'empêche tous les propos que [43] nous pourrions avoir ensemble ; et pour te dire vrai, j'ai, par le moyen d'une jeune esclave, un stratagème pour tirer cette belle Grecque des mains de son jaloux, si je puis obtenir d'elle qu'elle y consente.

---

48 Dans l'édition de 1682, Hali répond à une question d'Adraste : « Eh bien ! Hali, nos affaires s'avancent-elles ? ».

49 *Se rencontrer* : se trouver.

50 La *coutume* c'est la manière habituelle de faire, mais c'est aussi, au sens juridique, l'inscription dans la législation de cette manière de faire. L'incapacité, l'oisiveté et l'inutilité des nobles sont comme inscrites dans la loi française : le trait contre la noblesse est ancien et commun. – *Sache rien faire* : sache faire quoi que ce soit (sens positif de *rien*).

HALI

Laissez-moi faire, je veux vous faire un peu de jour à[51] la pouvoir entretenir[52]. Il ne sera pas dit que je ne serve de rien dans cette affaire-là. Quand allez-vous ?

ADRASTE

Tout de ce pas, et j'ai déjà préparé toutes choses.

HALI   [44]

Je vais, de mon côté, me préparer aussi.

ADRASTE

Je ne veux point perdre de temps. Holà ! Il me tarde que je ne goûte le plaisir de la voir.

Scène 10

DOM PÈDRE, ADRASTE

DOM PÈDRE

Que cherchez-vous, cavalier, dans cette maison ?

ADRASTE   [45]

J'y cherche le seigneur Dom Pèdre.

DOM PÈDRE

Vous l'avez devant vous.

ADRASTE

Il prendra, s'il lui plaît, la peine de lire cette lettre.

---

51 Je veux vous trouver un moyen quelconque de.
52 1682 ajoute ici cette didascalie : « *Il parle bas à l'oreille d'Adraste* ».

DOM PÈDRE *lit.*

Je vous envoie, au lieu de moi, pour le portrait que vous savez, ce gentilhomme français, qui, comme curieux[53] *d'obliger les honnêtes gens, a bien voulu prendre ce soin, sur la proposition que je lui en ai faite. Il est, sans contredit, le premier homme du monde pour ces sortes d'ouvrages, et j'ai [46] cru que je ne pouvais rendre un service plus agréable que de vous l'envoyer, dans le dessein que vous avez d'avoir un portrait achevé de la personne que vous aimez. Gardez-vous bien surtout de lui parler d'aucune récompense; car c'est un homme qui s'en offenserait, et qui ne fait les choses que pour la gloire et pour la réputation.*

DOM PÈDRE, *parlant au Français.*

Seigneur français, c'est une grande grâce que vous me voulez faire; et je vous suis fort obligé.

ADRASTE

Toute mon ambition est de rendre service aux gens [47] de nom[54], et de mérite.

DOM PÈDRE

Je vais faire venir la personne dont il s'agit.

---

53 *Curieux* : désireux.
54 *Gens* ou *hommes de nom* : nobles.

Scène 11

ISIDORE, DOM PÈDRE,
ADRASTE *et* DEUX LAQUAIS

DOM PÈDRE

Voici un gentilhomme que Damon nous envoie, qui se
veut bien donner la peine de vous peindre. (*Adraste baise*[55]
Isidore en la saluant ; et Dom Pèdre lui dit :) Holà, Seigneur
français, [48] cette façon de saluer n'est point d'usage en
ce pays.

ADRASTE

C'est la manière de France.

DOM PÈDRE

La manière de France est bonne pour vos femmes ; mais,
pour les nôtres, elle est un peu trop familière.

ISIDORE

Je reçois cet honneur avec beaucoup de joie. L'aventure[56]
me surprend fort et, pour dire le vrai, je ne m'attendais
pas d'avoir un peintre si illustre.

ADRASTE

Il n'y a personne sans doute[57] qui ne tînt à beau [49]
coup de gloire de[58] toucher à un tel ouvrage. Je n'ai pas
grande habileté ; mais le sujet, ici, ne fournit que trop de
lui-même, et il y a moyen de faire quelque chose de beau
sur un original fait comme celui-là.

---

55   *Baiser*, c'est donner un baiser. Nous dirions aujourd'hui qu'Adraste
      embrasse Isidore, ce qui est en effet assez cavalier à la première rencontre.
56   *L'aventure* est ce qui arrive, en bien ou en mal, l'événement.
57   Assurément.
58   *Tenir à gloire de* : se faire gloire de, tirer de la gloire de.

ISIDORE

L'original est peu de chose ; mais l'adresse du peintre en saura couvrir les défauts.

ADRASTE

Le peintre n'y en voit aucun ; et tout ce qu'il souhaite est d'en pouvoir représenter les grâces, aux yeux de tout le monde, aussi gran[C][50]des qu'il les peut voir.

ISIDORE

Si votre pinceau flatte autant que votre langue, vous allez me faire un portrait qui ne me ressemblera pas.

ADRASTE

Le Ciel, qui fit l'original, nous ôte le moyen d'en faire un portrait qui puisse flatter.

ISIDORE

Le Ciel, quoi que vous en disiez, ne…

DOM PÈDRE

Finissons cela, de grâce, laissons les compliments, et songeons au portrait.

ADRASTE   [51]

Allons[59], apportez tout.
    (*On apporte tout ce qu'il faut pour peindre Isidore.*)

ISIDORE[60]

Où voulez-vous que je me place ?

---

59   Adraste s'adresse à des laquais.
60   Elle s'adresse à Adraste.

ADRASTE

Ici. Voici le lieu le plus avantageux, et qui reçoit le mieux les vues favorables de la lumière que nous cherchons.

ISIDORE

Suis-je bien ainsi ?

ADRASTE

Oui. Levez-vous un peu, s'il vous plaît. Un peu plus de ce côté-là ; le corps [C ij] [52] tourné ainsi ; la tête un peu levée, afin que la beauté du cou paraisse. Ceci un peu plus découvert. (*Il parle de sa gorge.*) Bon. Là, un peu davantage. Encore tant soit peu.

DOM PÈDRE

Il y a bien de la peine à vous mettre ; ne sauriez-vous vous tenir comme il faut ?

ISIDORE

Ce sont ici des choses toutes neuves pour moi ; et c'est à Monsieur à me mettre de la façon qu'il veut.

ADRASTE

Voilà qui va le mieux du [53] monde, et vous vous tenez à merveilles[61]. (*La faisant tourner un peu devers lui.*) Comme cela, s'il vous plaît. Le tout dépend des attitudes[62] qu'on donne aux personnes qu'on peint.

DOM PÈDRE

Fort bien.

---

61   Le XVIIe siècle employait indifféremment *à merveille* ou *à merveilles*.
62   Pour les peintres, *l'attitude* est la posture du modèle et le mouvement que va saisir le peintre.

ADRASTE

Un peu plus de ce côté ; vos yeux toujours tournés vers moi, je vous en prie ; vos regards attachés aux miens.

ISIDORE

Je ne suis pas comme ces femmes qui veulent, en se faisant peindre, des portraits [C iij] [54] qui ne sont point elles, et ne sont point satisfaites du peintre s'il ne les fait toujours plus belles que le jour. Il faudrait, pour les contenter, ne faire qu'un portrait pour toutes ; car toutes demandent les mêmes choses : un teint tout de lis et de roses, un nez bien fait, une petite bouche, et de grands yeux vifs, bien fendus, et surtout le visage pas plus gros que le poing, l'eussent-elles d'un pied de large. Pour moi, je vous demande un portrait qui soit moi, et qui n'oblige point à demander qui c'est.

ADRASTE   [55]

Il serait malaisé qu'on demandât cela du vôtre, et vous avez des traits à qui fort peu d'autres ressemblent. Qu'ils ont de douceurs et de charmes, et qu'on court de risque à les peindre !

DOM PÈDRE

Le nez me semble un peu trop gros.

ADRASTE

J'ai lu, je ne sais où[63], qu'Apelle peignit autrefois une maîtresse d'Alexandre, et qu'il en devint, la peignant, si éperdument amoureux qu'il fut près [C iiij] [56] d'en perdre la vie ; de sorte qu'Alexandre, par générosité, lui céda l'objet de ses vœux. (*Il parle à Dom Pèdre.*) Je pourrais faire ici ce

---

63   C'est dans Pline l'Ancien, *Histoire naturelle*, livre XXXV, 24.

qu'Apelle fit autrefois ; mais vous ne feriez pas peut-être
ce que fit Alexandre[64].

ISIDORE

Tout cela sent la nation ; et toujours Messieurs les Français
ont un fonds de galanterie qui se répand partout.

ADRASTE

On ne se trompe guère à ces sortes de choses ; et vous avez
l'esprit trop éclairé pour ne pas voir de quelle source partent
les [57] choses qu'on vous dit. Oui, quand Alexandre serait
ici, et que ce serait votre amant, je ne pourrais m'empêcher
de vous dire que je n'ai rien vu de si beau que ce que je
vois maintenant, et que…

DOM PÈDRE

Seigneur français, vous ne devriez pas, ce me semble,
parler ; cela vous détourne de votre ouvrage.

ADRASTE

Ah ! point du tout. J'ai toujours de coutume[65] de parler
quand je peins ; et il est besoin, dans ces choses, d'un peu
de conversation, pour réveiller l'esprit, et [C v] [58] tenir
les visages dans la gaieté nécessaire aux personnes que l'on
veut peindre.

---

64 1682 donne cette didascalie supplémentaire : « *D. Pèdre fait la grimace* ».
65 *Avoir de coutume* : avoir l'habitude.

Scène 12
HALI, *vêtu en Espagnol*,
DOM PÈDRE, ADRASTE, ISIDORE

DOM PÈDRE
Que veut cet homme-là ? et qui laisse monter les gens
sans nous en venir avertir ?

HALI
J'entre ici librement ; mais, entre cavaliers[66], telle [59]
liberté est permise. Seigneur, suis-je connu de vous ?

DOM PÈDRE
Non, Seigneur.

HALI
Je suis Dom Gilles d'Avalos, et l'histoire d'Espagne
vous doit avoir instruit de mon mérite.

DOM PÈDRE
Souhaitez-vous quelque chose de moi ?

HALI
Oui, un conseil sur un fait d'honneur. Je sais qu'en ces
matières il est malaisé de trouver un cavalier plus consommé
que [C vj] [60] vous ; mais je vous demande pour grâce que
nous nous tirions à l'écart[67].

---

66   Un *cavalier* est un gentilhomme.
67   La venue d'Hali déguisé n'a qu'un but : occuper Dom Pèdre et détour-
     ner son attention des jeunes gens pour qu'ils puissent se parler, comme
     dans *Le Médecin malgré lui*, III, 6. Mais le jaloux ne perd pas de vue sa
     surveillance et a des retours d'attention dangereux vers le duo, qu'il faut
     parer.

DOM PÈDRE

Nous voilà assez loin.

ADRASTE, *regardant Isidore.*

Elle a les yeux bleus[68].

HALI

Seigneur, j'ai reçu un soufflet[69]; vous savez ce qu'est
un soufflet, lorsqu'il se donne à main ouverte, sur le beau
milieu de la joue. J'ai ce soufflet fort sur le cœur ; et je suis
dans l'incertitude si, pour me venger de l'affront, je dois
me battre avec mon homme, ou bien le faire assassiner.

DOM PÈDRE   [61]

Assassiner, c'est le plus court chemin. Quel est votre
ennemi ?

HALI

Parlons bas, s'il vous plaît[70].

ADRASTE, *aux genoux d'Isidore,*
pendant que Dom Pèdre parle à Hali.

Oui, charmante Isidore, mes regards vous le disent
depuis plus de deux mois, et vous les avez entendus : je
vous aime plus que tout ce que l'on peut aimer, et je n'ai
point d'autre pensée, d'autre but, d'autre passion, que d'être
à vous toute ma vie.

---

68   Pour comprendre cette réplique, il faut imaginer le jeu de scènes d'ailleurs
      explicité dans les édition suivantes : Adraste va pour parler à Isidore
      et s'approche d'elle ; surpris par Dom Pèdre, il fait mine d'examiner la
      couleur des yeux de la jeune fille et en déclare la couleur au jaloux.
69   Hali n'a pas oublié le soufflet à lui donné par Dom Pèdre à la scène 4 !
70   Hali tâche d'écarter Dom Pèdre ; 1734 précise même qu'il le tient de
      façon qu'il ne puisse voir Adraste aux genoux d'Isidore.

ISIDORE   [62]

Je ne sais si vous dites vrai, mais vous persuadez.

ADRASTE

Mais vous persuadé-je jusqu'à vous inspirer quelque
peu de bonté pour moi ?

ISIDORE

Je ne crains que d'en trop avoir.

ADRASTE

En aurez-vous assez pour consentir, belle Isidore, au
dessein que je vous ai dit ?

ISIDORE

Je ne puis encore vous le dire.

ADRASTE

Qu'attendez-vous pour cela ?

ISIDORE   [63]

À me résoudre.

ADRASTE

Ah ! quand on aime, on se résout bientôt[71].

ISIDORE

Eh bien ! allez, oui, j'y consens.

ADRASTE

Mais consentez-vous, dites-moi, que ce soit dès ce
moment même ?

---

71 *Bientôt* : très vite.

ISIDORE

Lorsqu'on est une fois résolu sur la chose, s'arrête-t-on sur le temps?

DOM PÈDRE, *à Hali.*

Voilà mon sentiment, et je vous baise les mains[72].

HALI   [64]

Seigneur, quand vous aurez reçu quelque soufflet[73], je suis homme aussi de conseil, et je pourrai vous rendre la pareille.

DOM PÈDRE

Je vous laisse aller sans vous reconduire; mais, entre cavaliers, cette liberté est permise.

ADRASTE

Non, il n'est rien qui puisse effacer de mon cœur les tendres témoignages…
(Dom Pèdre apercevant Adraste qui parle de près à Isidore[74].)
Je regardais ce petit trou qu'elle a au côté du men[65]ton, et je croyais d'abord que ce fût[75] une tache. Mais c'est assez pour aujourd'hui, nous finirons une autre fois. *(Parlant à Dom Pèdre.)* Non, ne regardez rien encore; faites serrer[76] cela,

---

72 Et je vous tire ma révérence ou, autrement dit : je vous salue bien, vous pouvez disposer. Manière polie de prendre congé et de faire partir Hali.
73 Allusion perfide, car, si Dom Pèdre a bien donné un soufflet à Hali, Hali, dans la même scène 4, lui en a donné aussitôt un en retour.
74 Même jeu que plus haut : Adraste doit trouver une excuse pour justifier qu'il parle de si près à Isidore. D'où la réplique qui suit.
75 Au XVIIᵉ siècle, on trouve le subjonctif dans une complétive régie par un verbe d'opinion.
76 *Serrer* : ranger. – Occupé à faire sa cour à Isidore, Adraste n'a rien peint sur la toile; il ne faudrait pas que Dom Pèdre s'en aperçoive! Il fait donc tout ranger très vite. Autre possibilité : Isidore a été

je vous prie. (*À Isidore.*) Et vous, je vous conjure de ne vous relâcher point, et de garder un esprit gai, pour le dessein que j'ai d'achever notre ouvrage[77].

ISIDORE
Je conserverai pour cela toute la gaieté qu'il faut.

Scène 13 [66]
DOM PÈDRE, ISIDORE

ISIDORE
Qu'en dites-vous ? ce gentilhomme me paraît le plus civil du monde, et l'on doit demeurer d'accord que les Français ont quelque chose en eux de poli, de galant, que n'ont point les autres nations.

DOM PÈDRE
Oui ; mais ils ont cela de mauvais, qu'ils s'émancipent un peu trop, et s'attachent, en étourdis, à conter [67] des fleurettes à tout ce qu'ils rencontrent.

ISIDORE
C'est qu'ils savent qu'on plaît aux dames par ces choses.

---

peinte au préalable sur la toile et Adraste, qui, de toutes les façons, n'a fait que mimer les gestes d'un peintre, fait alors ranger la toile sans inquiétude.

77 Le double sens de la phrase (Adraste évoque pour Isidore l'enlèvement prévu) échappe évidemment à Dom Pèdre.

DOM PÈDRE

Oui ; mais s'ils plaisent aux dames, ils déplaisent fort aux messieurs ; et l'on n'est point bien aise de voir, sur sa moustache[78], cajoler hardiment sa femme ou sa maîtresse.

ISIDORE

Ce qu'ils en font n'est que par jeu.

Scène 14   [68]
CLIMÈNE, DOM PÈDRE, ISIDORE

CLIMÈNE, *voilée.*

Ah ! Seigneur cavalier, sauvez-moi, s'il vous plaît, des mains d'un mari furieux dont je suis poursuivie. Sa jalousie est incroyable, et passe, dans ses mouvements[79], tout ce qu'on peut imaginer. Il va jusques à vouloir que je sois toujours voilée ; et pour m'avoir trouvée le visage un peu découvert, il a mis l'é[69]pée à la main, et m'a réduite à me jeter chez vous, pour vous demander votre appui contre son injustice. Mais je le vois paraître. De grâce, Seigneur cavalier, sauvez-moi de sa fureur.

DOM PÈDRE

Entrez là-dedans avec elle[80], et n'appréhendez rien.

---

78   Variation moliéresque sur la phrase proverbiale *Enlever quelqu'un ou quelque chose sur la moustache de quelqu'un* : lui prendre de force ce qu'il voulait pour lui-même.

79   Et dépasse, dans son excitation.

80   Avec Isidore.

Scène 15
ADRASTE, DOM PÈDRE

DOM PÈDRE

Hé quoi ! Seigneur, c'est vous ? Tant de jalousie pour
un Français ! [70] Je pensais qu'il n'y eût que nous qui en
fussions capables.

ADRASTE

Les Français excellent toujours dans toutes les choses
qu'ils font ; et quand nous nous mêlons d'être jaloux, nous
le sommes vingt fois plus qu'un Sicilien. L'infâme[81] croit
avoir trouvé chez vous un assuré refuge ; mais vous êtes trop
raisonnable pour blâmer mon ressentiment[82]. Laissez-moi,
je vous prie, la traiter comme elle mérite.

DOM PÈDRE

Ah ! de grâce, arrêtez ; [71] l'offense est trop petite pour
un courroux si grand.

ADRASTE

La grandeur d'une telle offense n'est pas dans l'importance
des choses que l'on fait. Elle est à transgresser les ordres
qu'on nous donne ; et sur de pareilles matières, ce qui n'est
qu'une bagatelle devient fort criminel[83] lorsqu'il est défendu.

DOM PÈDRE

De la façon qu'elle a parlé, tout ce qu'elle en a fait a été
sans dessein ; et je vous prie enfin de vous remettre bien
ensemble.

---

81 *Infâme* : déconsidérée, déshonorée.
82 Le *ressentiment* est le sentiment en retour, ici la fureur du pseudo-mari
    jaloux de voir sa femme désobéissante et dévoilée.
83 Devient une faute grave (c'est le sens de *crime*).

ADRASTE   [72]

Hé quoi ! vous prenez son parti, vous qui êtes si délicat[84]
sur ces sortes de choses ?

DOM PÈDRE

Oui, je prends son parti ; et si vous voulez m'obliger,
vous oublierez votre colère, et vous vous réconcilierez tous
deux. C'est une grâce que je vous demande ; et je la recevrai
comme un essai[85] de l'amitié que je veux qui soit entre nous.

ADRASTE

Il ne m'est pas permis, à ces conditions, de vous rien
refuser ; je ferai ce que vous voudrez.

Scène 16   [73]
CLIMÈNE, ADRASTE, DOM PÈDRE

DOM PÈDRE

Holà ! venez. Vous n'avez qu'à me suivre, et j'ai fait votre
paix. Vous ne pouviez jamais mieux tomber que chez moi.

CLIMÈNE

Je vous suis obligée plus qu'on ne saurait croire[86] ; mais
je m'en vais prendre mon voile ; je n'ai garde, [D] [74] sans
lui, de paraître à ses yeux.

DOM PÈDRE

La voici qui s'en va venir ; et son âme, je vous assure, a
paru toute réjouie lorsque je lui ai dit que j'avais raccom-
modé tout.

---

84 Si susceptible, si ombrageux.
85 *Essai* : vérification, épreuve.
86 Encore un propos à double entente.

Scène 17
ISIDORE, *sous le voile de Clymène,*
ADRASTE, DOM PÈDRE

DOM PÈDRE

Puisque vous m'avez bien voulu donner votre ressenti-ment[87], trouvez [75] bon qu'en ce lieu je vous fasse toucher dans la main[88] l'un de l'autre, et que tous deux je vous conjure de vivre, pour l'amour de moi, dans une parfaire union.

ADRASTE

Oui, je vous le promets, que, pour l'amour de vous, je m'en vais, avec elle, vivre le mieux du monde[89].

DOM PÈDRE

Vous m'obligez sensiblement, et j'en garderai la mémoire.

ADRASTE

Je vous donne ma parole, Seigneur Dom Pèdre, qu'à votre considération[90], je [D ij] [76] m'en vais la traiter du mieux qu'il me sera possible.

DOM PÈDRE

C'est trop de grâce que vous me faites. Il est bon de pacifier et d'adoucir toujours les choses. Holà ! Isidore, venez.

---

87   Puisque vous avez bien voulu abandonner pour moi, à ma demande, votre ressentiment.
88   On touche la main en signe d'accord.
89   Adraste se moque de Dom Pèdre en parlant à double sens, car sous le voile se trouve Isidore qu'enlève Adraste, non la pseudo-femme de celui-ci – ce qu'ignore Dom Pèdre.
90   *À la considération de* : par égard pour.

Scène 18
CLIMÈNE, DOM PÈDRE

DOM PÈDRE
Comment ? que veut dire cela ?

CLIMÈNE, *sans voile.*
Ce que cela veut dire ? Qu'un jaloux est un mons[77] tre haï de tout le monde, et qu'il n'y a personne qui ne soit ravi de lui nuire, n'y eût-il point d'autre intérêt ; que toutes les serrures et les verrous du monde ne retiennent point les personnes, et que c'est le cœur qu'il faut arrêter par la douceur et par la complaisance ; qu'Isidore est entre les mains du cavalier qu'elle aime, et que vous êtes pris pour dupe.

DOM PÈDRE
Dom Pèdre souffrira cette injure mortelle ! Non, non, j'ai trop de cœur, et je vais demander l'appui de la [D iij] [78] justice[91], pour pousser le perfide à bout[92]. C'est ici le logis d'un sénateur. Holà !

---

91 Nous savons que Dom Pèdre n'est pas un homme d'honneur : à la scène 12, il conseille au faux Espagnol de faire assassiner celui qui l'a offensé, alors qu'un noble doit avoir recours à son épée pour se venger de l'offense. De même ici, Dom Pèdre devrait mettre la main à l'épée et non recourir à la justice. Ce qui est étrange, c'est qu'il déclare avoir du cœur, ce qui signifie avoir du courage ; ce gentilhomme sicilien n'a même pas un peu de fierté.

92 *Pousser à bout* : poursuivre, attaquer à outrance.

Scène 19
LE SÉNATEUR, DOM PÈDRE

LE SÉNATEUR
Serviteur, Seigneur Dom Pèdre. Que vous venez à propos !

DOM PÈDRE
Je viens me plaindre à vous d'un affront qu'on m'a fait.

LE SÉNATEUR
J'ai fait une mascarade la plus belle du monde.

DOM PÈDRE   [79]
Un traître de Français m'a joué une pièce[93].

LE SÉNATEUR
Vous n'avez, dans votre vie, jamais rien vu de si beau.

DOM PÈDRE
Il m'a enlevé une fille que j'avais affranchie.

LE SÉNATEUR
Ce sont gens vêtus en Maures, qui dansent admirablement.

DOM PÈDRE
Vous voyez si c'est injure qui se doive souffrir.

LE SÉNATEUR
Les habits merveilleux, [D iiij] [80] et qui sont faits exprès.

DOM PÈDRE
Je vous demande l'appui de la justice contre cette action.

---

93 *Pièce* : farce, tour.

LE SÉNATEUR

Je veux que vous voyiez cela. On la va répéter, pour en donner le divertissement au peuple.

DOM PÈDRE

Comment ? de quoi parlez-vous là ?

LE SÉNATEUR

Je parle de ma mascarade.

DOM PÈDRE

Je vous parle de mon affaire.

LE SÉNATEUR   [81]

Je ne veux point aujourd'hui d'autres affaires que de plaisir. Allons, Messieurs[94], venez ; voyons si cela ira bien.

DOM PÈDRE

La peste soit du fou, avec sa mascarade !

LE SÉNATEUR

Diantre soit le fâcheux, avec son affaire !

Scène DERNIÈRE

Plusieurs Maure font une danse entre eux, par où finit la comédie.

FIN

---

94   Le Sénateur s'adresse aux danseurs de sa mascarade.

PRIVILÈGE DU ROI [n. p.]

Louis par la grâce de Dieu, Roi de France et de Navarre : à nos amés et féaux conseillers les gens tenants nos cours de Parlement, Maîtres de requêtes ordinaires de notre Hôtel, Baillis, Sénéchaux, leurs Lieutenants, et tous autres nos Justiciers et Officiers qu'il appartiendra, Salut. J. B. POQUELIN DE MOLIÈRE, comédien de la troupe de notre très cher et très amé Frère unique le duc d'Orléans, Nous a fait exposer qu'il aurait depuis peu composé pour notre divertissement une pièce de théâtre, qui est intitulée LE SICILIEN, belle et très agréable, laquelle il dési[n. p.]reroit faire imprimer. Mais comme il serait arrivé qu'en ayant ci-devant composé quelques autres, aucunes d'icelles auraient été prises et transcrites par des particuliers, qui les ont fait imprimer, vendre et débiter, en vertu des Lettres de Privilège qu'ils auraient surprises en notre grande Chancellerie, à son préjudice et dommage, pour raison de quoi il a eu instance en notre Conseil jugée à l'encontre d'un libraire, en faveur de l'Exposant ; lequel craignant que celle-ci ne lui soit pareillement prise, et que par ce moyen il ne soit privé du fruit qu'il en peut retirer, Nous aurait requis lui accorder nos Lettres, avec les défenses sur ce nécessaires. À CES CAUSES, désirant favorablement traiter l'Exposant, Nous lui [n. p.] avons permis et permettons par ces présentes, de faire imprimer la pièce par tel des imprimeurs par Nous réservés que bon lui semblera, et icelle vendre et débiter en tous les lieux de notre Royaume qu'il désirera, durant l'espace de cinq années, à commencer du jour qu'elle sera achevée d'imprimer pour la première fois, à condition qu'il en sera mis deux exemplaires en notre bibliothèque publique, un en celle de notre cabinet du château du Louvre, et un en celle de notre très cher et féal Chevalier Chancelier de France, le Sieur SÉGUIER, avant que de l'exposer en vente, à peine de nullité des présentes : Pendant lequel temps faisons défense à toutes personnes, de quelque qualité et condition qu'elles [n. p.] soient, de l'imprimer, ni faire imprimer, vendre, ni débiter, en aucun lieu de notre obéissance, sous quelque prétexte que ce soit, sans le consentement de l'Exposant, ou de ceux ayant droit de lui, à peine de confiscation des exemplaires, quinze cents livres d'amende, applicables un tiers à l'Hôpital général, un tiers au dénonciateur, et l'autre tiers audit Exposant, et de tous dépens, dommages et intérêts. Voulons en outre qu'en mettant un extrait des présentes au commencement ou à la fin de chacun exemplaire, comme aussi qu'aux copies des présentes collationnées par l'un de nos amés et féaux Secrétaires, foi soit ajoutée comme à l'original. Commandons au premier notre Huissier ou Sergent [n. p.] sur ce requis, faire pour l'exécution des présentes, tous exploits nécessaires, sans pour ce demander autre permission : CAR TEL EST NOTRE PLAISIR. Donné à Paris le dernier jour d'octobre, l'an de grâce mille six cent soixante-sept, et de notre règne le vingt-cinquième. Signé ; Par le Roi en son Conseil TRUCHOT. Et scellé.

Registré sur le Livre de la Communauté, suivant l'arrêt de la cour de parlement.

Ledit Sieur de MOLIÈRE a cédé et transporté son droit de Privilège à Jean RIBOU marchand-libraire à Paris, pour en jouir le temps porté par icelui, suivant l'accord fait entre eux.

Achevé d'imprimer pour la première fois le 9 novembre 1667.

INDEX NOMINUM[1]

---

1   Les critiques contemporains sont distingués par le bas-de-casse.

INDEX DES PIÈCES DE THÉÂTRE

TABLE DES MATIÈRES

LE MÉDECIN MALGRÉ LUI

BALLET DES MUSES

Mélicerte, Pastorale comique,
Le Sicilien, ou L'Amour peintre

MÉLICERTE

PASTORALE COMIQUE

LE SICILIEN, OU L'AMOUR PEINTRE